焦土に咲いた花

戦争と沖縄芸能

琉球新報社

焦土に咲いた花

戦争と沖縄芸能

焦土に咲いた花 ✿ 目次

米軍が撮った再興の息吹

終戦直後に沖縄陳列館（東恩納博物館）で踊る親泊興照（左）と宮城能造

※写真はすべて琉米歴史研究会提供、氏名は島袋光晴らの証言による。左右反転している写真は記者が修正した

東恩納博物館で試演会

沖縄戦終結直後に米軍政府によって集められ、民衆を慰問した芸能家たちの写真を、当時、米軍政府経済部長だったニール・ヘンリー・ローレンス神父が撮影している。同様のモノクロ写真は那覇市歴史博物館などもいくつか所蔵しているが、ローレンスはカラーで撮影している。衣装の色や演目などが分かる貴重な資料だ。再興への息吹が生き生きと伝わってくる。

写真はローレンスが二〇〇四年に亡くなった後、琉米歴史研究会（喜舎場静夫理事長）に寄贈された。石川市

晩年のローレンス神父

「浦島」を踊る我如古安子

鶴と翁の衣装を着た踊り。「浦島」の一場面か

「松竹梅鶴亀」を踊る宮城能造（中央）平良芳子（左端）石嶺光子（右端）ら

（前列左から）護得久朝章、仲嶺盛竹、板良敷朝賢、宮平政英、幸地亀千代、鉢嶺喜次、屋部憲、（後列左から）平良芳子、上原栄子、親泊興照、島袋光裕、比嘉政光（通称沖縄デブ）、平良良勝、宮城能造、比嘉正義、備瀬知源（「智源」とする文献もある）、我如古安子、石嶺光子＝石川の沖縄陳列館（東恩納博物館）

（現うるま市石川）の沖縄陳列館（東恩納博物館）で撮影された写真が多い。その中の集合写真は、モノクロのものが島袋光裕の自伝『石扇回想録』（一九八二年）にも掲載され、一九四五年十二月のクリスマス祝賀演芸大会に向けた試演会と紹介されている。

クリスマス演芸大会は石川市の城前初等学校で開催された。戦後の沖縄芸能の出発点として語り継がれている。ただ、ローレンスは一九四五～四六年に沖縄に滞在しており、これらの写真はクリスマス大会の試演会ではなく四六年に撮られた可能性もある（一五一ページ参照）。

光裕の息子・光晴らによると、戦前戦後に活躍した芸能家らをはじめ、自伝『辻の華』で知られる上原栄子も写っている。沖縄芸能連盟の

踊る(左から)比嘉正義、平良芳子、親泊興照、上原栄子。「谷茶前」か

「馬山川」を演じる宮城能造(左)と比嘉政光

護得久朝章会長、屋部憲幹事の姿もある。

演目は大衆に人気の雑踊や創作舞踊が中心だ。かいを持った「谷茶前」のような写真について、役者の八木政男は「百姓の着物に華やかな帯を締めており、ちぐはぐだ。物不足だったのではないか」と指摘する。

地謡には若き日の野村流の大家、幸地亀千代らが見られる。珊瑚座や松劇団の地謡を務め、登川誠仁や島袋光史の師匠として知られる板良敷朝賢の姿もある。

三線に張っているのは蛇皮ではなく、パラシュート生地か、紙にバショウの渋などを塗った「渋張り」とみられる。八木は「終戦直後は米軍の寝台の棒を削って三線のさおを作る人もいた。パラシュートを張った三線はキンキンとけっこういい音がし

野外で住民に披露される「花売の縁」。舞台の向こうに船が見える＝1945～46年(写真は全て琉米歴史研究会提供)

「花売の縁」を演じる男性(右)と女性

た」と振り返る。

各地で住民、米軍を慰問

ローレンスが一九四五～四六年に沖縄で撮影した写真には、詳細な場所や時期が分からない芸能の写真が含まれている。芸能家たちが各地の住民や米兵を慰問して回ったときの写真とみられる。簡素な野外劇場で舞台に見入る人々。歌や舞踊、組踊が戦で荒廃した心を癒やした。

組踊「花売の縁」と「かぎやで風」の写真は舞台構造から同じ場所と分かる。「花売の縁」の舞台後ろに大きな船が写っていることから、うるま市立石川歴史民俗資料館は「与那原港か馬天港ではないか」と推測する。「花売の縁」で乙樽を演じている男性について、役者の八木政男は

米兵に「長者の大主」を披露する人々。幕には天女が描かれている

「かぎやで風」を踊る男性。島袋光裕か

容姿から「親泊興照ではないか」と話す。東恩納博物館で宮城能造が着ていた衣装と同じ物を着ており、衣装の数が少なかったことがうかがえる。鶴松役の女性は我如古安子のようだ。「かぎやで風」を踊る男性は島袋光裕とみられる。

「長者の大主」を踊っている写真は舞台構造から、ほかの写真とは別の場所と分かる。ドラム缶の上に板を敷いた簡素な舞台だ。米兵が観劇しており、舞台横の紙にも「米軍――」と書かれている。

崖の上で女性たちが踊る写真について、石川歴史民俗資料館は背後の山の形から、「万座毛から本部半島が見えているのではないか」と指摘する。踊りはカチャーシー風だが衣装は独特だ。米軍向け英字週刊紙「ウイークリー・オキナワン」の四六年

米兵や日本人の前で踊る女性たち。手前左の男性は小那覇全孝か。手前右は幸地亀千代か

多くの観衆が詰め掛ける野外公演。「四ツ竹」を踊っている

一月十六日付にも似た女性たちが写っており、「これらの女性たちの多くは那覇からの元踊り子で今は石川周辺に住んでいる」と説明されている。

八木は踊りを見ている手前左の男性について「小那覇全孝（小那覇舞天）に似ている」と指摘し、手前右の男性は大柄で三線を持っていることから「幸地亀千代ではないか」と話す。小那覇は終戦直後に沖縄芸能連盟の幹事や沖縄諮詢会の文化部芸術課長を務めた。

竹劇団の衣装

紅型風衣装正面

紅型風衣装背面

食料袋で衣装づくり

一九四六年四月に発足した沖縄民政府は戦争で傷ついた民衆を慰問させるため、同年九月二十六日と十月六日に俳優の資格審査を行った。合格者には十月十六日に俳優の資格証明書が交付された。同時に松、竹、梅の三劇団が結成され、各地で巡回公演を行った。竹劇団の衣装や俳優資格証明書などを、団長だった平良良勝の次男・敏が保管している。

紅型風の衣装は、本物がなかったため、米軍の食糧袋から仕立てた。マラリアの治療薬キニーネで黄色く染め、花などの模様はペンキで描いた。当時、良勝は石川市（現うるま市石川）在住で、近所に住んでいた冨着という画家がこの模様を描い

衣装の衿に竹劇団のマークが縫い付けられている

絣の衣装

ＨＢＴ（米軍が沖縄の住民に配った軍服）を仕立て直して作った羽織

た。冨着の妻は乙姫劇団の団員だったという。

緑色の羽織はＨＢＴ（米軍が沖縄の住民に配った野戦用軍服）を素材にしている。これらの衣装は良勝の妻が仕立てた。竹劇団の衣装は戦前の芭蕉布、絣の着物や和服も多い。和服はハワイから送られてきた物もある。当時の石川には、これら衣装になる着物を集めて売るおばあさんがいたという。

敏は、良勝が一九三四〜三五年ごろに制作した映画「護佐丸誠忠録」のちらしやフィルムも保管している。良勝が所属していた劇団「珊瑚座」の花形役者たちが出演した。

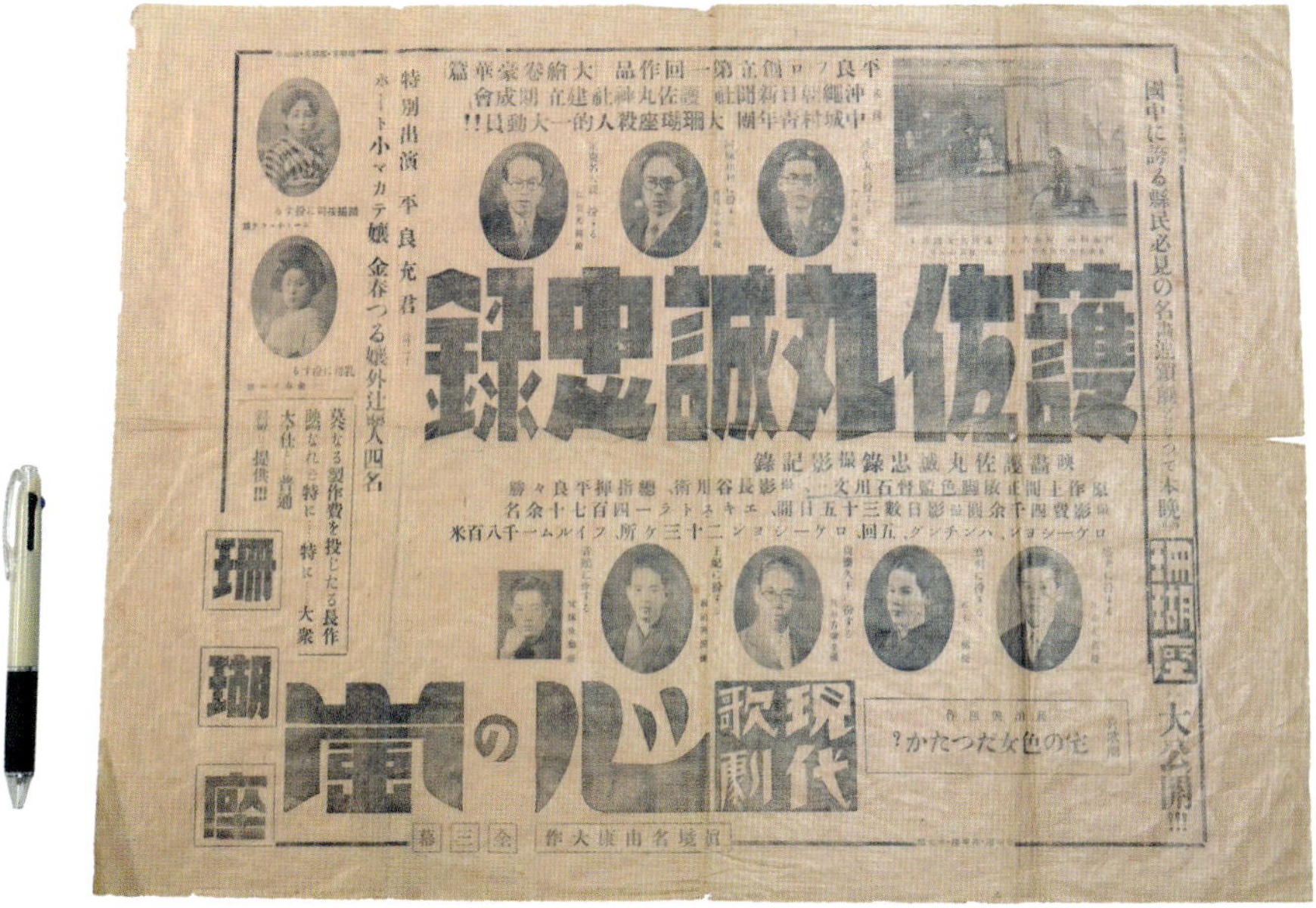

映画「護佐丸誠忠録」のちらし。役者の顔写真は上段右から平良良勝、真境名由康、島袋光裕。下段右から比嘉正義、宮城能造、我如古弥栄、親泊興照ら

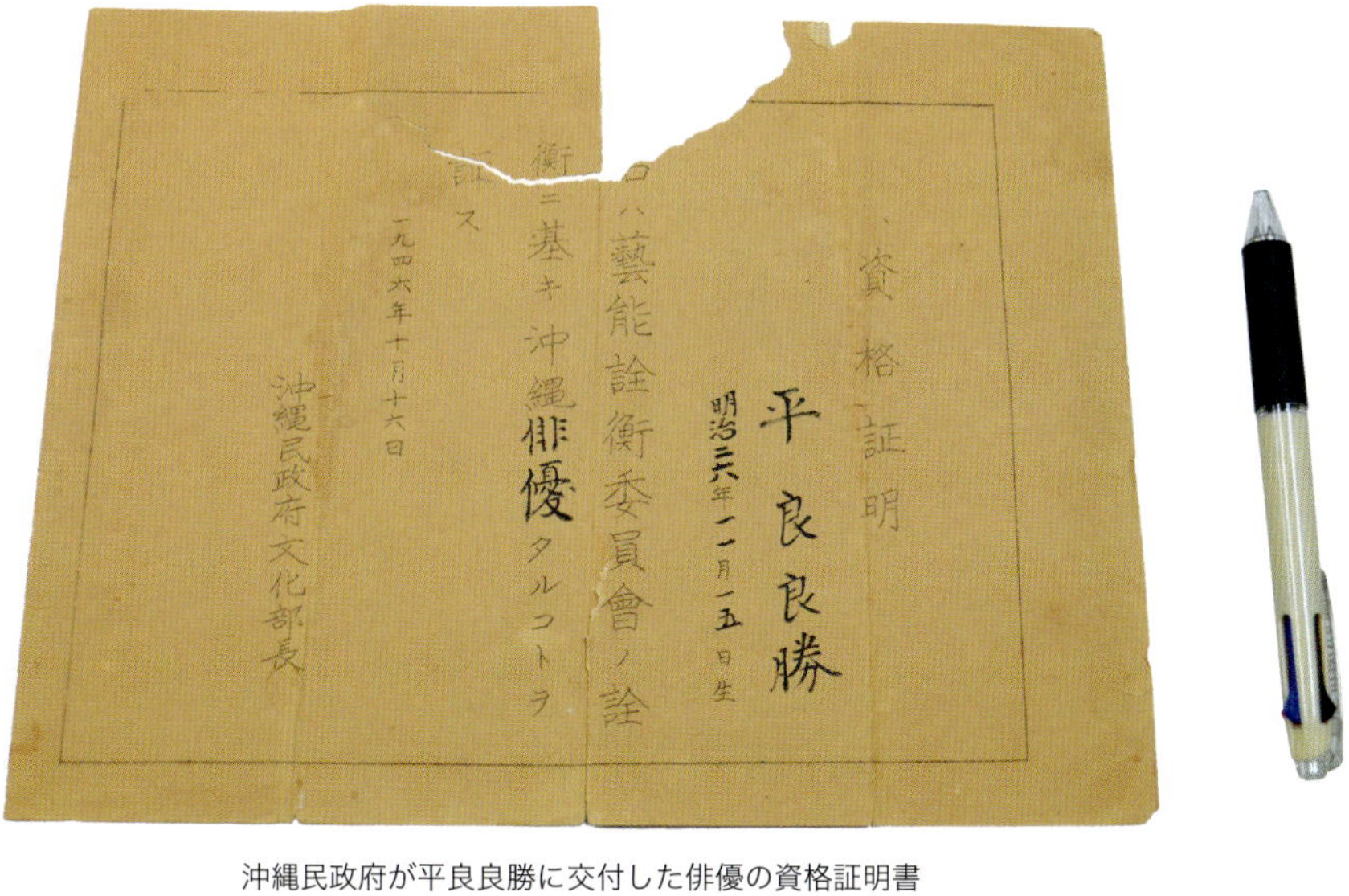

沖縄民政府が平良良勝に交付した俳優の資格証明書

プロローグ

いのちの簪《じーふぁー》

幸喜「沖縄戦が出発点」

二〇一五年五月、浦添市にある国立劇場おきなわの稽古場。本番を一カ月後に控えた沖縄芝居「いのちの簪《じーふぁー》」に向けて、役者たちの演技に熱が入っていた。戦後二年の沖縄を舞台に、たくましく生きる人々を描く作品だ。「登場人物は君たちの親戚、知り合いにもいた人たちだ。その魂《まぶい》を感じてほしい」。演出家の幸喜良秀（七七）は独特の表現で演技を指導する。

幸喜は演劇集団「創造」や沖縄芝居実験劇場の演出、国立劇場おきなわの前芸術監督を務め、沖縄演劇界をけん引してきた。「全ての出発点」と語るのは沖縄戦と戦後体験だ。「子を亡くした父と母。死者をかき分けて食べ物を探す子どもたち。僕の文化運動は『生きる』というのがテーマだ」

「いのちの簪」の稽古で役者に演技を指導する幸喜良秀＝2015年、浦添市の国立劇場おきなわ

「非国民」だった父

「シズー、千代ー」。一九四五年三月末のある晩、現沖縄市宮里の集落。良秀の父松福《まつふく》は良秀の姉であるシズ、千代を捜していた。姉二人は日本軍「石部隊」（第六二師団）の弾薬を運ぶため、村外れの家を出て、青年らと一緒に集落の中心地に向かった。

良秀は父を「頑固で変わり者だった」と振り返る。徴兵されないよう、人さし指などの筋肉を切って引き金が引けなくしたという。「女や子どもが武器を取るようなら、この戦は負ける。早く降参した方がいい」。そう公言し「非国民」扱いされた。姉と父はいつもけんかしていた。「非国民扱いされた親の娘は『愛国者』になりたかっただろうね」。軍に奉仕した姉たちの苦しい胸中を思う。

姉たちと一緒に弾薬運びに行った村人にはその後、解散命令が下ったという。だが、姉たちはそのまま軍と行動を共にしたのか、帰らなかった。戦後も父と母マカトは姉が生きていると信じ続けた。「ユタにも頼んで捜したが、どこで土になったのかも分からない。だから遺骨は（代わりの）石ころだよ」

演劇に出合い、現実を告発

米軍は四月一日に沖縄本島に上陸した。良秀らは同月初めに宮里で保護され、砂辺収容所（現北谷町）を経て島袋収容所（現北中城村）に送られた。良秀ら子どもたちは無邪気にセミを捕って遊んだが、一方で日本兵の遺体からカンパンもあさった。「戦場の子どもはそうなんだよ。人間が人間でなくなる。だから僕の芝居は人間にこだわる」

戦後も悲劇は続いた。四九年に襲ったグロリア台風。高校生だった兄良進は泡瀬の海岸に漂着した兵舎の廃材を拾いに行った。波に流され、三日後に遺体が見つかった。「父と母にとっては全部戦争の続きだった」。きょうだいを立て続けに失った良秀は成人するまで「次は僕の番だ」とおびえた。

父が七八歳で亡くなったとき、地域の人に「いったーたーりーに『すぐ白旗上げるんだよ』と教えられて助

米軍が来た方向を指して戦時中の様子を語る幸喜良秀＝沖縄市の自宅

かった」と言われた。「今では父を誇りに思う」とほほ笑む。母は九六歳の長寿だった。「僕にとって主人公は父や姉ではない。子を奪われ、頑固な夫を支えた母だ」。舞台でも悲劇を乗り越えてたくましく生きる女たちや母たちの願いを描いてきた。

本格的に演劇を始めたのは五七年に琉球大学に入ってからだ。演劇クラブで沖縄に新劇（現代劇）を導入しようと試みた。当時「やまとぐちでやる新劇は沖縄では不毛だ」と言われた。良秀らも実際に現代劇を見たことはなく、試行錯誤を続けた。

当時は自分たちで脚本を書く力がなく、広島の原爆を題材にした「島」（堀田清美作）、米軍統治下で闘う韓国の人々を描いた「朴達の裁判」（金達寿作）などを上演した。場所は違うが、沖縄と重なるものがあった。「沖縄の現実、世界の現実を告発する芝居」を目指した青年たち。それを決定付けたのは五九年六月三十日に起こった宮森小学校米軍機墜落事故だった。

宮森小事故で平和の決意

「いぇー、ジェット機が落ちたらしい。でーじなとーさー」。一九五九年六月三十日の昼。琉球大学に通っていた幸喜良秀に演劇仲間の中里友豪（七八）が声を掛けた。児童や住民ら一八人が犠牲になった宮森小学校米軍機墜落事故だった。バスを乗り継いで石川へ急いだ。「ニュースペーパー（新聞社だ）」。中里が米兵に学生証を向けてはったりを言い、現場に潜り込んだ。

黒く焼け焦げた遺体に給食の牛乳が散っていた。泣きながらわが子を探す親たち。二人も遺体の片付けを手伝った。脂が手に染みつき、沖縄戦や戦後の記憶がよみがえってきた。「平和とは、人間の尊厳とは何か。子どもたちの遺体が発する言葉を舞台に上げなければいけないと思った」

卒業後の六一年、琉大や中頭郡青年団協議会の仲間らと演劇集団「創造」を結成した。米軍に対する県民の抵抗が激しくなっており、「演劇で意志表示しよう」と志した。

だが七二年の本土復帰に疑問を感じ、幸喜は数年間、人に会う気力も失う。「『沖縄を返せ』と歌ったが、やまとが言う『返せ』であって主体は何だったのか。標準語励行が沖縄にとって良かったのか。主体性を失い、やまとの文化的植民地にならないか」。重い問いがのしかかった。

「人類館」転機に沖縄回帰

転機は創造が七六年に初演した「人類館」（知念正真作）だ。幸喜は七八年の東京公演から演出し、「沖縄回帰」していく。うちなーぐち交じりのせりふ、うちなーんちゅ自身に潜む差別を描いた内容は衝撃を与えた。さらに幸喜はうちなーんちゅの立ち居振る舞いにこだわった。「身体言語論を教えてくれたのは役者であり、近所のおじい、おばあであり、沖縄の光、風だった」。かつて「沖縄芝居で現代は描けない」と考えたが、「やまとをまねても沖縄は描けない」と感じた。「日本、米軍を告発する芝居から沖縄を見つめる芝居へ」移っていく。

八七年には役者の北島角子、真喜志康忠らと劇団「沖縄芝居実験劇場」を立ち上げ、新たな芝居を模索した。文化庁にいた田中英機に促され、「世替りや世替りや」（大城立裕作）を東京で上演したのがきっかけだ。戦後七〇年の節目に再演された「いのちの簪《じーふぁー》」も実験劇場で初演された作品だ。実験劇場を支えた名優たちにはこの世を去った者もおり、近年は若い役者で挑んでいる。

創造が1978年に東京で上演した「人類館」（『人類館』2014年パンフレットより）

幸喜は芝居の技芸を継承する体制の強化に加え、「若い劇作家に現代の沖縄を描いてほしい」と願う。「かつて辺野古移設賛成だった翁長雄志知事が『うちなーんちゅ　うしぇーてぇーないびらんどー』と言う。沖縄はいつも歴史ドラマを演じている。常に『ちゃーすが、うちなー』だ」。

「食うために始めた芝居」

一九四八年ごろのある日、那覇市松尾にあった中央劇場。嘉数好子（八一）は行商の売り上げを「ちょろまかして」芝居を見ていた。女手一つで育ててくれた母を戦で失い、独りになった好子は叔母に預けられた。芋で造った酒をバーキに載せ、豊見城の家から首里、那覇まで売りに来た。芝居に夢中になっている間に日が暮れた。自力では帰れず、そのまま劇場で眠り込んだ。「いぇーわらばー、ぬーやが」。星劇団の糸村つる子が尋ねると好子は懇願した。「わんねー家《やー》や無《ねー》ーやびらん。芝居んかい入《い》ってぃくぃみそーれー」。役者人生の始まりだった。

四四年の十・十空襲。那覇市若狭に住んでいた好子の家族は「ばくちゃやー」と呼ばれていた近くの地域に避難し、墓の中に隠れた。空襲後、浦添村小湾（当時）にあった母カメの実家へ。実家の一部は日本軍の石部隊（第六二師団）が借りていた。戦争が激しくなると、母と兄は現在の那覇市安謝に引っ越すが、「うーまくー」だった好子は石部隊の陣地に移動した。

戦争で独り　両親の跡追う

軍について行こうと思えたのは辻の「ジュリのネーネーたち」も行動を共にしていたからだという。兵隊の食事や洗濯の世話をしていた。陣地の場所や滞在期間は覚えていない。ある日、白馬に乗った高官が陣地を訪れた。ジュリたちはひざまずいて泣いていた。その日から軍は南部に撤退し、好子は安謝の壕《ごう》に隠れていた母や兄と合流した。

母と再会した翌日、米軍に保護された。ほかの人々とトラックに乗せられ、越来村嘉間良（当時）の収容所へ。その途中で安謝橋を渡るとき、一部の人がトラックから海に飛び込み、自ら命を絶った。兄は再会したときには銃撃を受けており、米軍の病院に運ばれたまま帰らなかった。名前は「盛ショウ」。「ショウ」の漢字は思い出せず、記録もない。

収容所では毎晩のように米兵が女性を襲いに来た。「真っ暗闇だけど（米兵の）歯が見えて分かる」。大

「いのちの簪」の稽古で演技指導する嘉数好子＝2015年、国立劇場おきなわ

人たちは一斗缶をたたいて襲来を知らせた。嘉数が指導した芝居「いのちの簪《じーふぁー》」でも描かれる。今も後ろから肩をたたかれると当時の恐怖がよみがえる。

やっと再会した母は衰弱して収容所で亡くなった。「四角い穴を掘ってアメリカー（米兵）が捨てるわけ。どんどん死んでいくから十人にならないと埋めてくれない」。それまで毎日、ぼうぜんと母を見詰めていた。「芝居では『お母さん』ってわんわん泣くけど、いざとなったら泣けないよ」。戦後、埋葬場所を再訪した。「母が呼んだんでしょうね。確かにここだと分かった」。骨は拾えず、周辺の石を墓へ入れた。

好子を引き取った糸村は厳しく指導した。幕引きから始まり、星劇団、演技座、ときわ座などで芸を磨いた。役者として活躍するだけでなく玉城流玉扇泉踊会会主として琉舞も指導した。「苦労した分、自分の財産になっている」と胸を張る。好きというより「食うために始めた芝居」。だが思えば、好子の生後三カ月で亡くなった父盛徳は真楽座でかつらを作っていた。母も衣装作りの仕事をしていた。「やっぱり芸能に縁があった。私が跡継ぎをしているのかね」。戦後七〇年の夏、そう感じている。

大阪の琉球演劇舞踊団

「恐れ多くも大君だと」

「ダイギミ」。役者の大宜見小太郎は一瞬、上官に名前を呼ばれたことに気付かなかった。本土出身の相手は沖縄の名字が読めなかったのだ。返事の遅れた小太郎に拳が飛んできた。「自分はオオギミです」。小太郎が説明すると、さらに殴られた。「恐れ多くも大君《おおきみ》だと」。小太郎が娘の佐久川順子（七一）、大宜見しょうこ（五六）に明かした数少ない戦争体験だ。詳細は不明だが、召集されて熊本で訓練を受けた一九三九～四〇年ごろか、その後大阪で造船所に徴用されたときの話だ。

熊本で訓練を受けていたころの写真が残っている。他の者はきりっと前を見据えているが、小太郎だけうつろな表情で横を向いている。しょうこは出征前日に撮られたちゃめっ気のある写真と比較し、「表情が全然違う。無事に帰れるか不安だったのではないか」と指摘する。

出征前日、役者の仲井真盛良（左）と記念撮影する大宜見小太郎＝1939年、那覇市の真楽座（『小太郎の語やびらうちなぁ芝居』より）

小太郎は多くの芝居を作っ

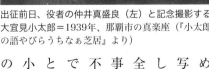

軍に召集されていたときの大宜見小太郎（前列右端）＝1939～40年ごろ、熊本県（大宜見家提供）

たが、本当の悪人は登場しないのが特徴の一つだ。「どちらが悪いということを超越した戦争の体験が影響したのかもしれない」

小太郎は熊本での雪中訓練で神経痛を患った。やっとのことで沖縄に帰った三日目には、三歳の長男を病気で失った。著書『小太郎の語やびらうちなあ芝居』（一九七六年）で「心身ともに疲れ果ててしまった」と記している。

神経痛で召集が解除され、四〇年に真楽座の大阪戎《えびす》座公演に同行した。息子を失った心の傷が癒えず、役者そのものに疑問を持つようになっていた小太郎は「芝居の世界から足を洗う覚悟」だった。一座が沖縄に戻った後も大阪に残り、新たな就職先も決まった。だが、沖縄県人会は公演の継続を懇願した。「それほどまでに私を必要とするなら」。小太郎は父・朝良、妻・静子、宇根伸三郎らと琉球演劇舞踊団を旗揚げした。四三年には、沖縄にいた小太郎の異父弟・八木政男（八四）も大阪に呼ばれ、本格的に役者の道に入った。

「花見音頭」で兵士を演じる大宜見静子（右から４人目）。万歳しているのは伊波盛徳（同２人目）と金城マーミー（同３人目）＝1944年ごろ、大阪戎座（大宜見家提供）

役者も徴用　女優が男役

たくさんの花が垂れ下がった舞台で出征を祝う「万歳」が響く。だが、兵士を演じている役者は男性ではない。二〇一二年に亡くなった大宜見静子だ。当時赤ん坊だった娘の佐久川順子を抱いていた。一九四四年ごろ、静子や夫の大宜見小太郎らが所属する琉球演劇舞踊団が大阪の戎座で上演した「花見音頭」の一場面だ。小太郎を含め、若い男性は徴兵、徴用されていた。残ったのは年配の役者と女優、子役ばかり。小太郎は静子を男役ができるよう仕込んだ。女優が男を演じる先駆けだ。役者が足りないため、子役だった八木政男は老け役を務めたこともある。「観客から『たんめー小わらばー』と呼ばれたよ」と笑う。

静子が男役を演じた「花見音頭」は大いに受けた。静子演じる兵士と妻のそれぞれの父を金城マーミー（金城千代）、伊波盛徳が演じた。沖縄から大阪に来た父たちを花見に連れていくという内容だ。「今ごろ家の後ろのあいつは寝ているらろうなぁ」「られ（誰）のことらい」「豚らよ」。自身も出演した八木は、やまとぐちの発音の悪さを逆手に取った金城と伊波の滑稽なやりとりが忘れられない。戦時中の空気を反映した作品だが、笑いも忘れなかった。

小太郎は徴用から一時的に帰ったわずかな時間に稽古をつけた。八木は静子に対する小太郎の指導が「かわいそう」と感じるくらい厳しかったことが印象に残る。小太郎と静子の娘である順子、大宜見しょうこは「『二度と帰れないかもしれない』と感じていたのではないか」と父の心中を思う。

戦後も静子の男役は評判だった。順子は乙姫劇団の間好子が「静子姉さんの剣劇に憧れた」と話していたのを覚えている。小太郎と宇根らは四九年、「大伸座」を旗揚げした。劇団員が集まり過ぎ、小太郎中心の人情劇と静子中心の女剣劇に一座を分けて興行したこともある。「私の方がお客が入った。向こうが給料日にお金を借りに来たこともあるよ」。静子は生前、笑いながら話した。

芝居が県出身者の心支え

大阪時代、公演中に空襲警報が鳴ると、役者も観客も劇場の楽屋裏にあった防空壕に避難した。警戒が解除されると芝居を再開した。ある日のことだ。空襲が始まり、静子が義姉や娘の順子を連れてある防空壕に入ろうとすると、「もう入れない」と断られた。「何を言ってるの。死んでしまうじゃない」。静子は義姉を壕に押し込み、順子をおんぶして何とか中に入った。空襲がやんで外に出ると、壕に入れなかった人たちは死んでいた。順子は「もし母が強い人でなかったら、私は今生きていなかった」と話す。

当時、関西では紡績工場や軍需工場で多くの沖縄出身者が働いていた。戦況が厳しくなっても客席は満員で、盆正月には一日三回公演したという。劇団員だった八木政男は「芝居は唯一の癒やしだった。劇場に来れば、うちなーぐちで会話もできる。戦がどうなるか分からないから芝居を見ておかないといけない、という気持ちだったのではないか」と推し量る。八木は大宜見朝良の養女・幸子との舞踊劇「戻り駕籠《かご》」で人気

大伸座結成１周年の記念撮影。後ろの幕は米軍払い下げのテントにペンキで描いた。八木政男（前列左から２人目）は大伸座の野球チームのユニホームを着ている。大宜見小太郎はスポーツマンだった＝1950年、那覇劇場（大宜見家提供）

だった。「紡績工場のお姉さんたちに宿舎に連れて行かれ、飯を食べさせてもらったことがある。ひもじい思いをしていたからうれしかった」と振り返る。

劇中の歌や踊りに加え、観客を癒やしたのが舞台美術に描かれた沖縄の風景だ。美術を担ったのは中川源次郎ら。本土出身だが、沖縄まで訪れて美術に生かしたという。「わったーしまんかい似ちょーさー」。観客はガジュマルやソテツが描かれた芝居の背景に古里を重ねた。

劇場解体され興行中断

役者が徴兵・徴用されながらも、女優が男役を演じるなどして何とか興行を続けていた大宜見小太郎らの琉球演劇舞踊団。だが、興行中断に追い込まれたときもあった。劇団員だった八木政男らによると、一九四四～四五年ごろに拠点としていた劇場「戎座《えびすざ》」が空襲による延焼を防ぐ「建物疎開」で立ち退きされた。

公演ができない間、劇団員は事業所からコークス（燃料の一種）をもらい集め、家庭用に売って生活費を稼いだ。八木は「寒い中、女優もコーガーキー（頬かむり）して集めた。自分でも情けなかった」と振り返る。その後、焼け残っていた大阪市大正区の泉尾劇場で芝居を再開した。「コンクリート造りで焼け野原にぽつんと残っていた。うれしかった」

県人会も一座を支えた。小太郎は著書『小太郎の語やびらうちなぁ芝居』で「明日の命をもわからない日々でしたが、あるいはだからこそ沖縄の演劇への情熱を燃やしたのでしょうか。（中略）戦局の悪化と沖縄戦の激しさが伝わるにつれ、かえってふるさとを想う気持ちが舞台と客席の間に強く流れ合っていた」と記す。

妻静子も娘の佐久川順子、大宜見しょうこに県人会との思い出をよく語った。物が不足する中で食べ物を差し入れ、静子が熱を出したときは貴重品の氷を持って来てくれたという。観客が舞台に上がり一緒にカチャーシーを踊ることもあった。

濃密な経験　飛躍の礎に

「県人会のために頑張らなきゃ」と踏ん張っていた静子だが、ついに過労で倒れてしまう。長い入院生活を終えた退院の日。小太郎は静子を背負い、これからのことを考えながら自宅まで歩いた。ある家の庭で付近の人々がラジオに耳を傾けていた。終戦を告げる玉音放送だ。小太郎は著書で「悲しみよりもこれで終わったのだ、というホッとした虚脱感が、身体一ぱいに広がっていくのを感じていました」と振り返っている。

一九四六年十二月、小太郎は沖縄に引き揚げた。大阪での約七年は苦労ばかりではなかった。小太郎ら劇団員は仲井真元楷、石川文一らの演劇道場に通い、歴史や演技論を学んだ。さらに曽我廼家《そがのや》五郎ら上方の喜劇役者の舞台を見て、芸を学んだ。小太郎の代表作「丘の一本松」も大阪時代に松竹家庭劇の「丘の一本杉」を沖縄芝居に翻案したものだ。

小太郎は四九年、大阪時代も一緒だった宇根伸三郎らと大伸座を旗揚げした。「ともしび」「ハワイ行進曲」など笑って泣ける名作を多く生み出し、「小太郎劇」を確立した。小太郎、静子が亡くなった後も大伸座は娘のしょうこや往年の劇団員を中心に活動を続けている。最も歴史ある沖縄芝居劇団の一つだ。「丘の一本松」の上演は一九九三年に千回を超え、今も再演を続ける。大阪での濃密な経験はその揺るぎない功績の礎となった。

琉球演劇舞踊団の目撃者

一九四〇年代の大阪で、大宜見小太郎が率いた琉球演劇舞踊団の舞台に足しげく通った人がいる。一九二七年に美里村石川（現うるま市石川）で生まれ、現在は兵庫県尼崎市に住む宮城正雄だ。「小太郎さんの芝居は私たちのなぐさめだった」。劇団の熱演を鮮明に覚えている。

正雄は一六歳の時に沖縄を出て滋賀県の軍需工場で働いた。母カメと三人のきょうだい、祖母を残して旅立った。軍需工場では人間魚雷「回天」を製造した。軍隊式の厳しい労働に耐えられず、大阪の工場に転職した。

琉球演劇舞踊団は大阪市福島区にあった劇場「戎座」を拠点としていた。劇場は野田恵美須神社のすぐ近くにあった。劇場はもうないが、神社は残っている。

三百～四百人程度の観客が入れたという。毎週、演目が変わるたびに友人たちと見に行った。「浜に咲く花」「運玉義留」などの芝居が印象に残っている。創作舞踊もあった。「小太郎の芸は素晴らしかった。真に迫ったいい芝居やったよ。嫁さんの静子さんもべっぴんやった」と振り返る。「うちなーぐちも聞けるから楽しかった。古里の言葉は実に味がある」

だが、舞台でうちなーぐちばかり使っていると警官

近くに戎座のあった野田恵美須神社。境内には「戎座」と刻まれた石が残っている＝大阪府大阪市

宮城正雄

が注意したという。「(沖縄芝居で)『標準語使え』ったって無理でしょう。困ったと思うよ」。だが警官は毎回いるわけではなく、監視の目を避けて沖縄芝居は上演され続けた。「戦争中でも芝居をやって、沖縄の人はえらいと思った」。小太郎は戦時中の軍事劇の脚本を戦後も保管していたが、正雄は舞台で見た覚えがない。「小太郎さんは昔ながらの芝居を大切にしていた。私らもそれを見るのが楽しみだった」。

正雄は終戦後、叔母を頼って尼崎市に移り住んだ。一九四五年、沖縄人連盟(現沖縄県人会)兵庫県本部の創立に関わった。四六年八月には沖縄人連盟兵庫県本部が、兵庫から沖縄に帰還する人々の「惜別・感謝大会」を尼崎市内で催した。小太郎の一座が出演し、故郷へ帰る者、関西に残る者への思いを込めて熱演した。その時、小太郎は体調が悪く、楽屋ではうずくまっていたという。正雄は「だいぶ弱っていたけど芝居の時は生き返っていた。『やっぱり〝芝居しー〟やな』と思ったな」と振り返る。

十三年待っていた母の遺骨

一方、沖縄に残された正雄の母カメたちは戦時中、金武村の山奥に逃げていた。一九四五年六月一日早朝、芋堀りに出たカメは米兵に撃たれて即死した。三十八歳だった。その後は祖母が決死の食料探しを続け、幼い弟、妹たちも生き延びた。正雄が母の死を知ったのは終戦の二年後。親族は正雄を気遣って「一家は無事」と伝えていたが、友人が真相を教えてくれた。正雄は何度も沖縄への渡航申請をしたが、復帰運動に関わっていたためか、許可が下りなかった。

やっと帰郷することができたのは一九五八年。母が亡くなった時に一緒だった隣人の女性と共に遺骨を探した。十三年前と同じ場所で母の遺骨は待っていた。髪を束ねる紐で母だと分かった。そこはサトウキビ畑になっていたが、畑の主は肉親が探しに来た時のために遺骨をそのままにしていたのだ。近所の住人が手向けた野の花が一輪あった。墓に納骨した日の夜、小学校の同級生が同窓会を催してくれた。男子四十三人のうち三十六人が防衛隊として戦死していた。

正雄は復帰運動をきっかけに、六〇年代から本格的に芸能と関わるようになった。本土の人々に広く沖縄を知ってもらうため、沖縄が誇る独自の芸能を紹介しようと考えた。関西で芸能公演の司会や舞台監督をするようになり、約四十年間で関わった公演は約百二十件に上る。「郷土の言葉で芝居ができる地域はそうない。うちなーぐちの芸能を続けてほしい」と願っている。

芸能への規制

当局が脚本検閲

一九九九年、役者の大宜見小太郎宅から出てきたある物が世間を驚かせた。戦中に書かれた約十冊の脚本だ。妻静子を取材しようと自宅を訪ねた新聞記者が脚本に気付き、記事にした。

大宜見小太郎

小太郎は自分で脚本を管理していたため、家族も詳細を把握していなかった。二〇〇〇年には戦中の脚本二十七冊、戦後の一九五〇～六〇年代に書かれた脚本二十九冊が自宅で見つかった。当局による検閲の跡が生々しく残されている。

戦後の一時期まで沖縄芝居は口立てが中心だった。さらに激しい戦火のせいで戦前、戦中の脚本はほとんど残っていない。小太郎が残した脚本は貴重な資料となっている。直筆の脚本は「南島一郎」というペンネームで書かれたものや大道具の絵が描き込まれたものもあり、書きたくて書いたという印象を受ける。一方、タイプライターで打った脚本は標準語で書かれたものや軍事色の強い作品が多く、検閲のために必要に迫られて作成したと思われる。

小太郎は戦中、養父の朝良が率いる琉球演劇舞踊団に所属し、大阪で興行していた。脚本の表紙には検閲したことを示す「大阪府保安課」「大阪府朝日橋警察署」などの印が押されている。体制への批判や戦意高揚を妨げる表現などがないか厳しく監視された。当局が問題がないと見なした場合は「支障ナシ」、変更を求める場合は「制限」の印が検閲官の名前の印と共に押された。検閲した日付と有効期間も記されている。

不都合な箇所　無神経に朱線

一九四三年六月に検閲された「純情物語　現代劇　まごころ」は「制限」とされた。粗筋は主人公の清子がいとこの長吉と将来を誓う。長吉の弟・次雄も清子に思いを寄せるが、諦めて満州行きを決意する。長吉は召集されるが、中尉に進級して帰り、清子と結婚する。若者の恋愛物語だが、「（教師の清子が）銃後の小國民を能く教育」、「名誉の召集令」など戦意高揚の雰囲気に沿った表現も見られる。何とか芝居を続けたいという劇団の苦心が垣間見える。

それでも四四～五〇ページは丸ごと抜き取られ、五一ページの続きの部分も朱線が引かれている。また、子どもらが隠れんぼをしている十一行もなぜか線で消され、最後に「一、朱線ノ箇所削除　一、朱書ノ通訂正ノコト」とある。

四四年十二月に検閲

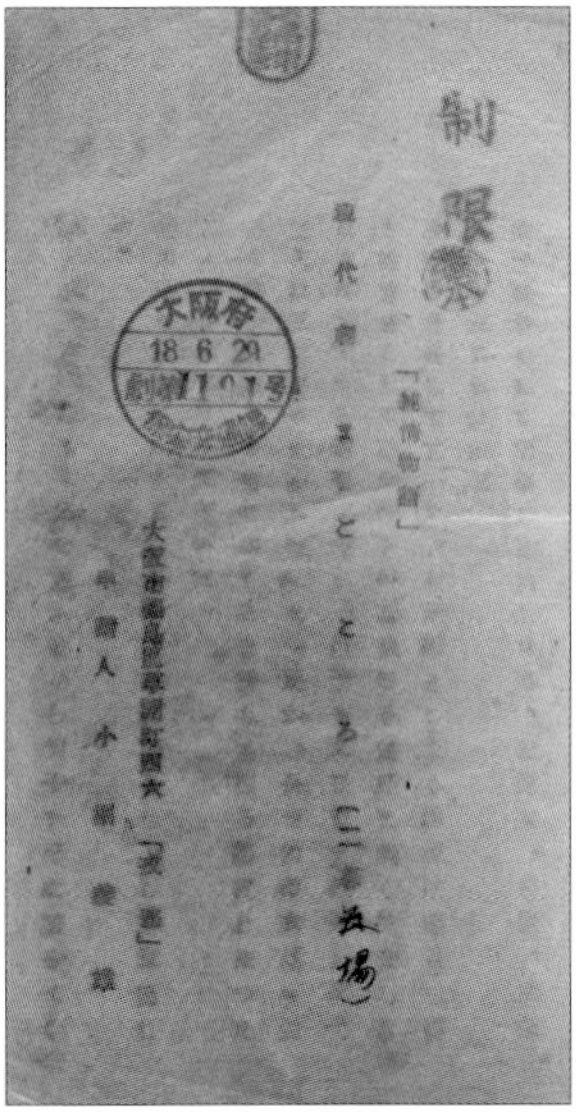

「大阪府保安交通課」と「制限」の印が押された「まごころ」の脚本（脚本は全て国立劇場おきなわ所蔵）

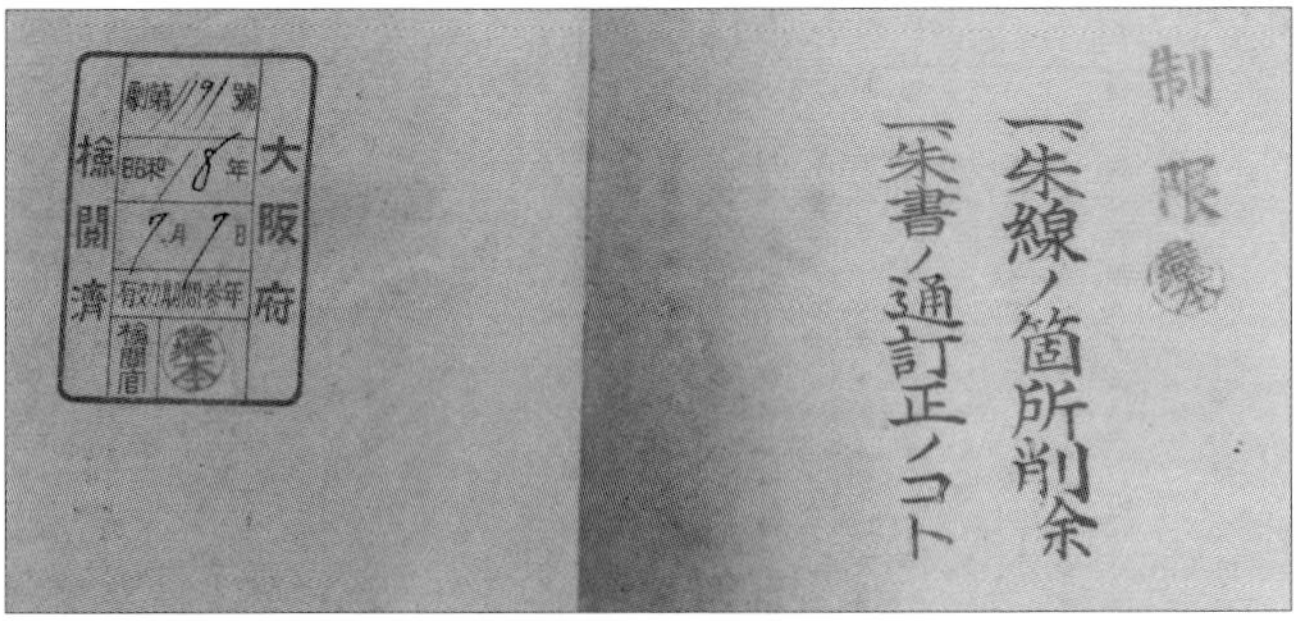

脚本「まごころ」の巻末に記された当局の訂正指示

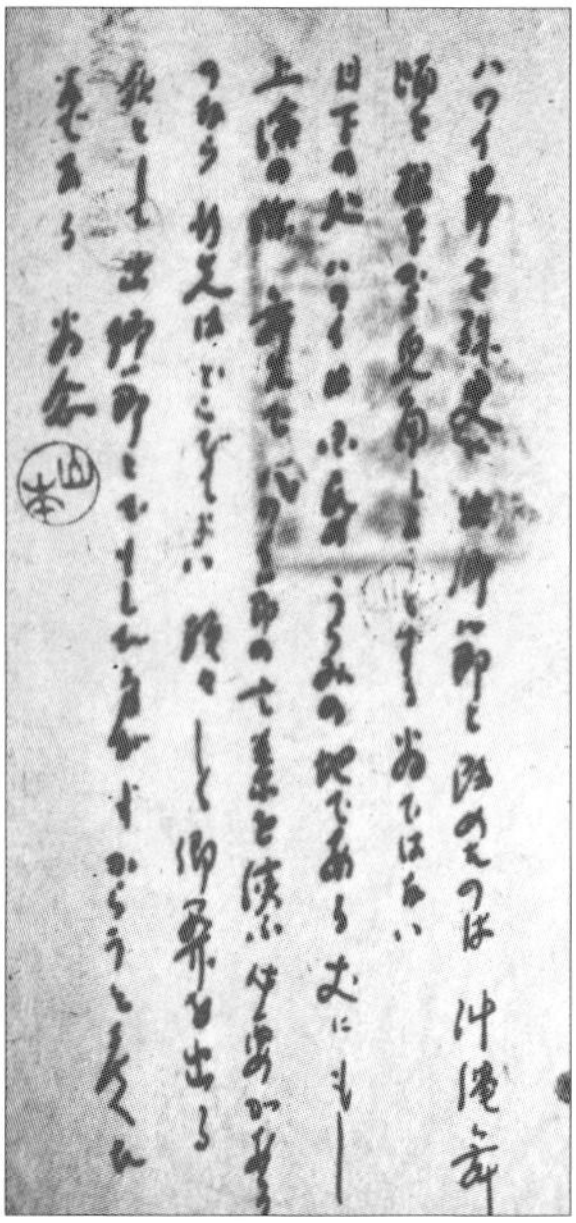

「ハワイ節」変更の説明

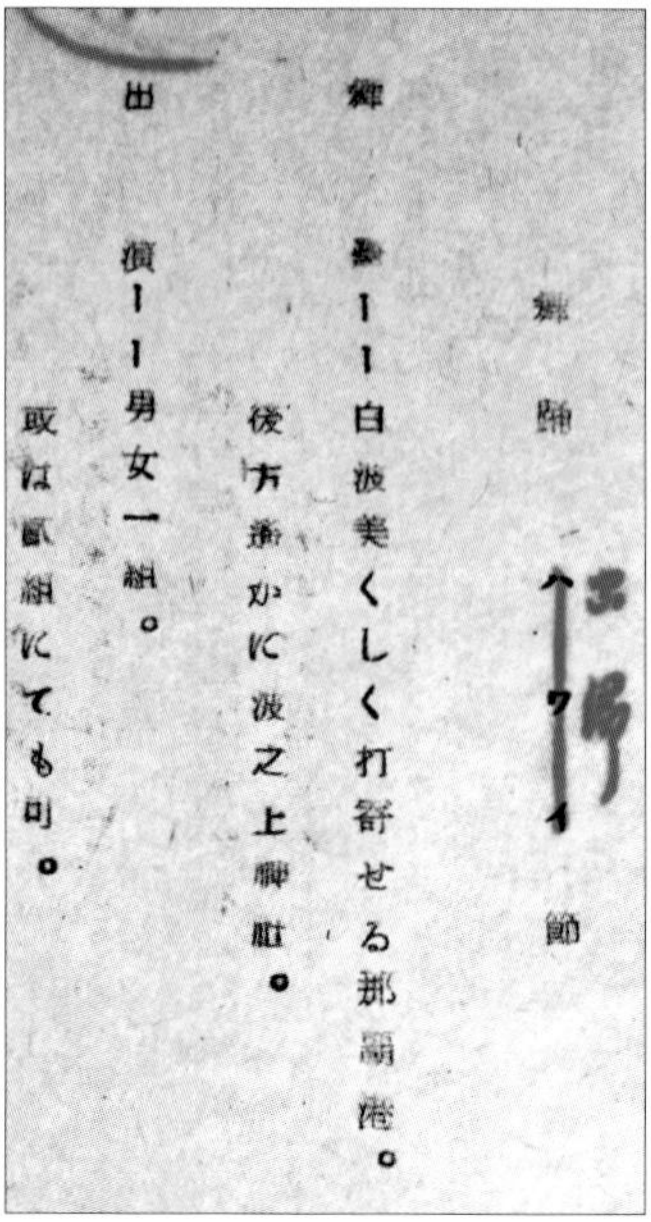

舞踊　出郷節（ハワイ節）
舞臺——白波美くしく打寄せる那覇港。
後方遥かに波之上神社。
出演——男女一組。
或は數組にても可。

「ハワイ節」が「出郷節」に変えられている

を受けた脚本にある舞踊「ハワイ節」（作詞・作曲は普久原朝喜）は「ハワイ」の文字が朱線で消され、「出郷節」に変えられている。青年が妻に老父母を託してハワイに出稼ぎに行くという内容だ。変更を求めた理由について、検閲官は「目下の処ハワイは国民のうらみの地である」と記している。大城學琉球大学教授は「敵国だから『ハワイ』以外の名称を使うよう求めている。言葉一つ一つに神経をピリピリさせていた」と指摘する。

大城學琉球大学教授

表現者が心血を注いで書き上げた脚本の上を無神経に走る朱線。それは権力が人々の魂を監視し、意のままに操ろうとした愚かさを教えてくれる。

戦意高揚の芝居上演

戦時中は沖縄芝居でも戦意高揚を意識した作品が上演された。一九九九〜二〇〇〇年に大宜見小太郎宅から発見された戦中の脚本にもそういった作品が見られる。作者の名前が書かれていない脚本も多いが、現在よく知られている、笑って泣ける「小太郎劇」の作風とはかなり異なる。沖縄の歴史や風土が感じられる従来の芝居、舞踊とはかけ離れた作品が生み出されていた。
舞踊「父よ何処《いずこ》」の脚本は一九四四年十二月に検閲を受け、「大阪府保安課」の印が押されている。舞踊の大道具は靖国神社の鳥居と舞台一面のサクラだ。幼い兄と妹が日の丸を持って踊る。歌詞（以下、引用は全て原文のまま）は「父よ　今何処（中略）覚めて悲なしき　今は亡き人か（中略）涙ほろ々々に　父安かれと」——。出征し、戦死したかもしれない父を思い涙を流すという内容だ。「観客をして自然目頭の熱くなる思ひをさせらる」と狙いが書いてある。だが、この舞踊は朱線で大きなバッテンがつけられ、上演制限を示す「制限」の印が押された。国のために死ぬことがたたえられた時代、父の戦死を悲しむ内容は当局の狙いとは合致しなかったと思われる。

芝居「軍旗」では、インドネシアに住む日本人仲地が現地の人々から「神様」のように敬われ、オランダ兵は現地の人々を虐待しているという粗筋だ。真珠湾攻撃についても「米英の脅迫を受け（中略）堪忍袋を爆発《ばくはつ》させ」と主張している。ただ、この脚本も「制限」「血糊《ちのり》ヲ使用セザルコト」の印が押されている。

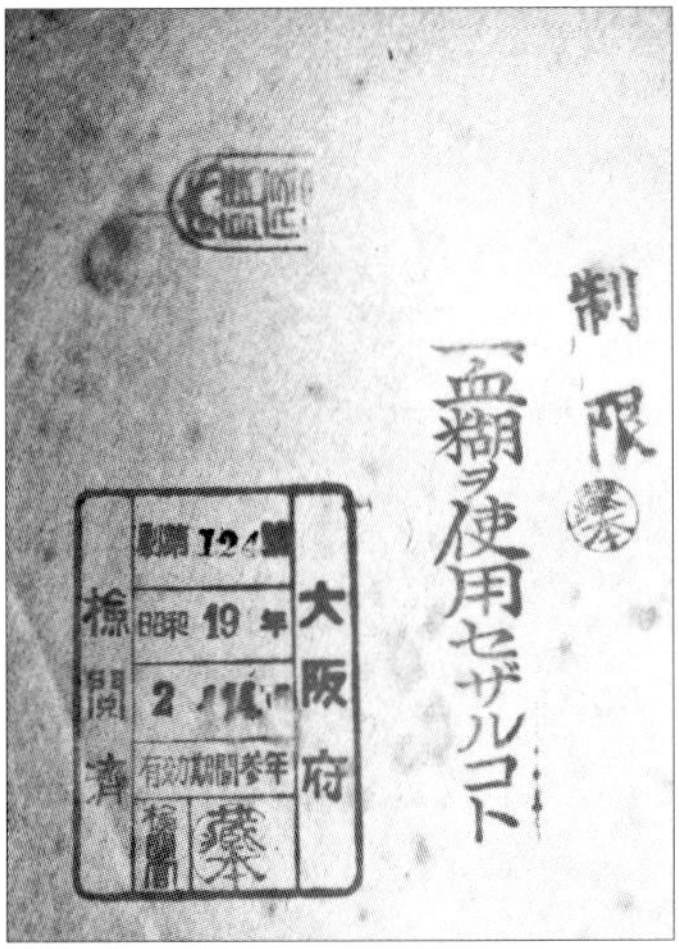

「血糊ヲ使用セザルコト」と印が押された脚本（国立劇場おきなわ所蔵）

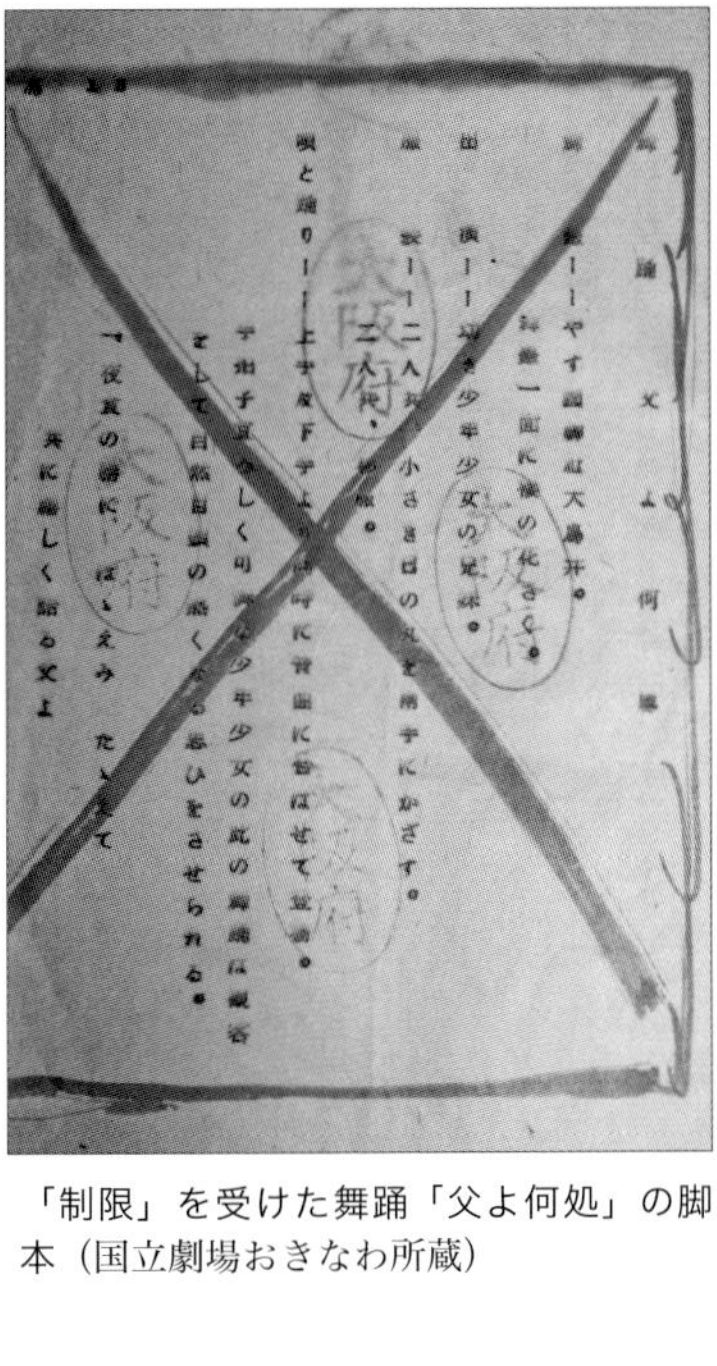
「制限」を受けた舞踊「父よ何処」の脚本（国立劇場おきなわ所蔵）

戦意高揚を図る一方で生々しい戦闘の描写は嫌った様子がうかがえる。

内容次第で警察出頭も

裏に脚本が書かれた「琉球演劇舞踊団概覧」という書類には劇団の綱領や構成員などが細かく掲載されている。綱領では劇団の目的を「純粋日本文化ノ古キ姿ナル琉球演芸文化ノ興隆」としている。沖縄の人々が差別されることもあった時代、沖縄と日本のつながりが強調されている。また「皇國ノ大理想ニ生キ」と沖縄芝居らしからぬ仰々しい文言が躍っている。書類の詳細な用途は不明だが、大城學琉球大学教授は「検閲の際に提出してしっかりした組織だと説明したのではないか」と分析する。

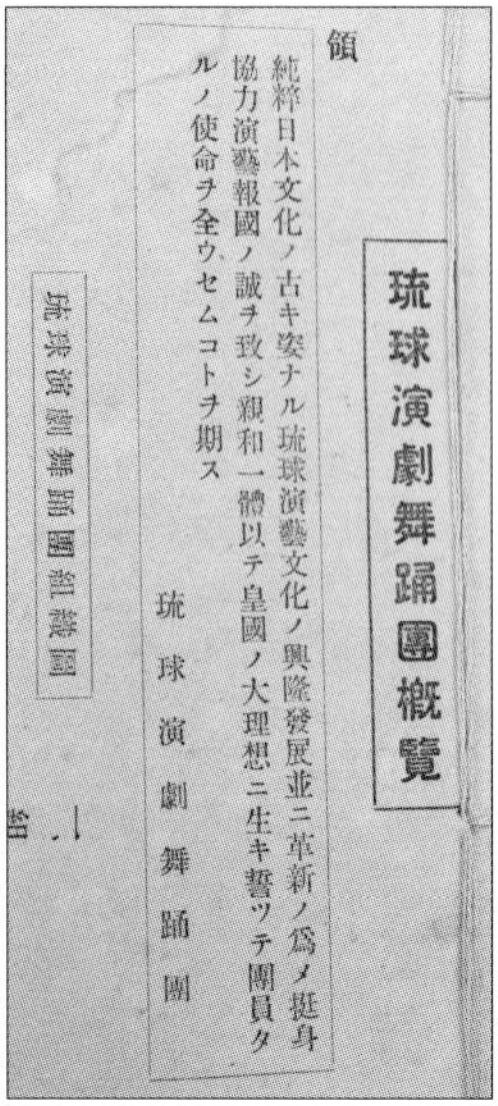
琉球演劇舞踊團概覽

領

純粋日本文化ノ古キ姿ナル琉球演藝文化ノ興隆發展並ニ革新ノ爲メ挺身協力演藝報國ノ誠ヲ致シ親和一體以テ皇國ノ大理想ニ生キ誓ツテ團員タルノ使命ヲ全ウセムコトヲ期ス

琉球演劇舞踊團

「皇國ノ大理想ニ生キ」などと記された「琉球演劇舞踊団概覧」（大宜見家所蔵）

大城教授が生前の大宜見に聞き取りした際、「娯楽なのにやりたいもの（従来の芝居）ができないのは苦痛だった」と当時を振り返ったという。大宜見は一九四〇～四六年まで大阪で興行していたが、沖縄も同じような状況だった。戦前から興行していた宮城能造、島袋光裕（共に故人）らが大城教授に語った話によると、芝居の内容が目をつけられ、警察に呼ばれ事情聴取された座長もいたという。

一方、小太郎と共に大阪で興行していた八木政男は「戦争物の芝居は少なかった。お客は元来の歌劇が見たいもの」と証言する。観客の人気が高かったのはやはり伝統的な名作歌劇などだったようだ。

うちなーぐち　禁止に

「まやーがちょーんどー（猫が来たよ）！」。芝居小屋に警察官が近づくと、木戸番の女性がとっさに叫んだ。警官は体制に批判的な内容が上演されていないか、そしてうちなーぐちを使っていないか監視に来たのだ。「幕みちれー!」。芝居は即座に中断され、琉球舞踊へ切り替わった。警察官が帰ると、観客が「まやーやはいたんどー(猫は帰ったよ)」と合図し、芝居を途中から再開した。一九四〇年代、琉球演劇舞踊団が興行していた大阪市の劇場での光景だ。

当時、沖縄でも大阪でもうちなーぐちを使った芝居は蔑視され、禁じられていた。同劇団に所属した八木政男によると、警官を指す「まやー」の隠語は木戸番の女性のアイデアだ。

劇団の中心にいた大宜見小太郎は著書『小太郎の語やびらうちなぁ芝居』で「昭和九(一九三四)年ごろから標準語励行が盛んになり、方言だけで成り立つ沖縄芝居はなにかと白眼視される」ようになったとつづっている。検閲も大宜見が子どものころからあったが、次第に強まった。

同劇団が大阪で興行を始めたのは四〇年。当初、大阪では地方の言葉を使った芝居が認められたという。ある日、劇団関係者が府庁に呼ばれ、標準語で芝居をやれと通達された。すると、上方の役者・曽我廼家《そがのや》五郎が反発した。「われわれのんは関西弁やないと演劇にならへん」。さらに隣にいた大宜見に同意を求めた。「あなたも沖縄の方言でなければ、やれないのではないか」。結果、関西弁もうちなーぐちも認められたという。

だが、四三年に大阪に呼ばれた八木によると、当時、既にうちなーぐちへの規制は厳しかったという。いったんは認められたが、その後、規制が強まったようだ。「うちなーぐちでなければ歌劇はできない。『泊阿嘉』の(名ぜりふ)『ふぃるましむん……』は何と言えばいいのか」。八木も今では笑い話にしてしまうが、当時は死活問題だった。

暗号と疑われ

八木はほかにも、うちなーぐちにまつわる騒動を明かす。ある晩、劇団員の山里清二郎が酒に酔って歩いていると、警官に呼び止められた。懐に入れていた芝居に使ううちなーぐちの歌詞が、スパイの暗号と疑われ、歌わされた。大宜見も生前、琉球新報の取材にう

琉球演劇舞踊団時代の大宜見小太郎（後列左端）。海軍に入隊した友人の八木明義（前列中央）が訪れたときの記念写真＝1942年、大阪市（『小太郎の語やびらうちなあ芝居』より）

ちなーぐちのせりふが暗号と疑われ、尾行されたと振り返っている。

舞踊は禁止されなかった。だが、大阪で検閲を受けた脚本には大阪の検閲官も内容が理解できるよう歌詞の和訳を添えている。大城學琉球大学教授の聞き取りによると、これらの脚本は大宜見が直接、タイプライターを打ったわけではなく、大宜見の説明を聞いた担当職員が作成したという。検閲官を手玉に取ることもあった。「訳の内容ははっきり言ってうそ。千鳥節のはやしを〝バンザイ、バンザイ〟と書いて許可された」。

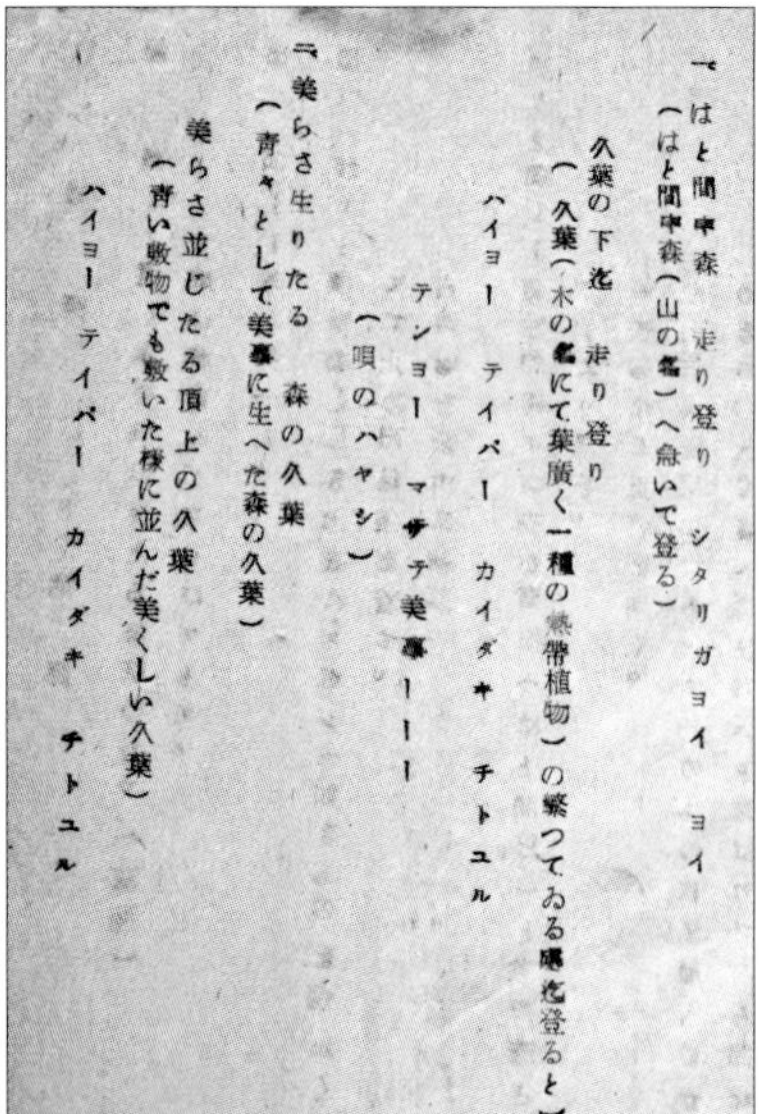
一 はと間中森　走り登り　シタリガヨイ　ヨイ
（はと間中森（山の名）へ急いで登る）
久葉の下迄　走り登り
（久葉（木の名にて葉廣く一種の熱帯植物）の繁つてゐる處迄登ると）
ハイヨー　テイバー　カイダキ　チトユル
テンヨー　マサテ美事ーーー
（唄のハヤシ）
二 美らさ生りたる　森の久葉
（青々として美事に生へた森の久葉）
美らさ並じたる頂上の久葉
（青い敷物でも敷いた様に並んだ美くしい久葉）
ハイヨー　テイバー　カイダキ　チトユル

舞踊「鳩間節」の歌詞を和訳した脚本（国立劇場おきなわ所蔵）

大宜見が生前、琉球新報の取材で楽しそうに語った思い出だ。

廃藩置県直後から監視

一八七九年の廃藩置県で禄《ろく》を失った士族は庶民を相手に芸能を披露し、生活の糧を得るようになった。芸能の舞台は宮廷から芝居小屋に移り、雑踊や沖縄芝居が生み出されていく。大野道雄著『沖縄芝居とその周辺』によると、県が初めて芸能を取り締まった遊劇興行取締令は一八八二年に出された。廃藩置県のわずか三年後だ。

この取締令によって興行前日に警察への届け出が必要になり、「巡査ヲシテ出張厳密取締」することになった。だが取り締まりの基準はなく、大野は「混乱期のことですから、取り締まる方もテーゲーでやっていた」かもしれないと推測する。

八六年の演芸取締規則を経て、九二年の演芸場取締規則では規制が強化される。演芸場の建設、興行、芸題などが許可制に変わった。第一条では全体を見渡せる場所に警察官の「監臨席」設置が義務付けられた。第八条ではうちなーぐちとやまとぐちの分かる通訳が警察官を補佐するとしている。取り締まりをする警察官は県外出身で、通訳がいないと理解できなかったのだ。

第六条では芸人の客席への往来、観客の楽屋出入り、客席を暗くすることを禁じた。さらに同条の「演辞所作ノ世安風俗ニ害アル事」の禁止事項によって芝居の内容にまで踏み込んで規制するようになった。

銃使う芝居は犯罪助長

『真境名由康　人と作品』に収められた真境名の自伝によると、一九〇一年ごろ、九州巡業の福永義荻島一行が訪れ、沖縄で初めての壮士芝居（自由民権運動普及のために生まれた芝居）が上演された。言葉の違いで一般客には人気が出なかったが、沖縄の役者に影響を与えた。街中を回って宣伝する「街回り《まちまーい》」や舞台装置も本土の壮士芝居をまねて始めたという。

地元の役者が始めた沖縄版壮士芝居にピストル強盗

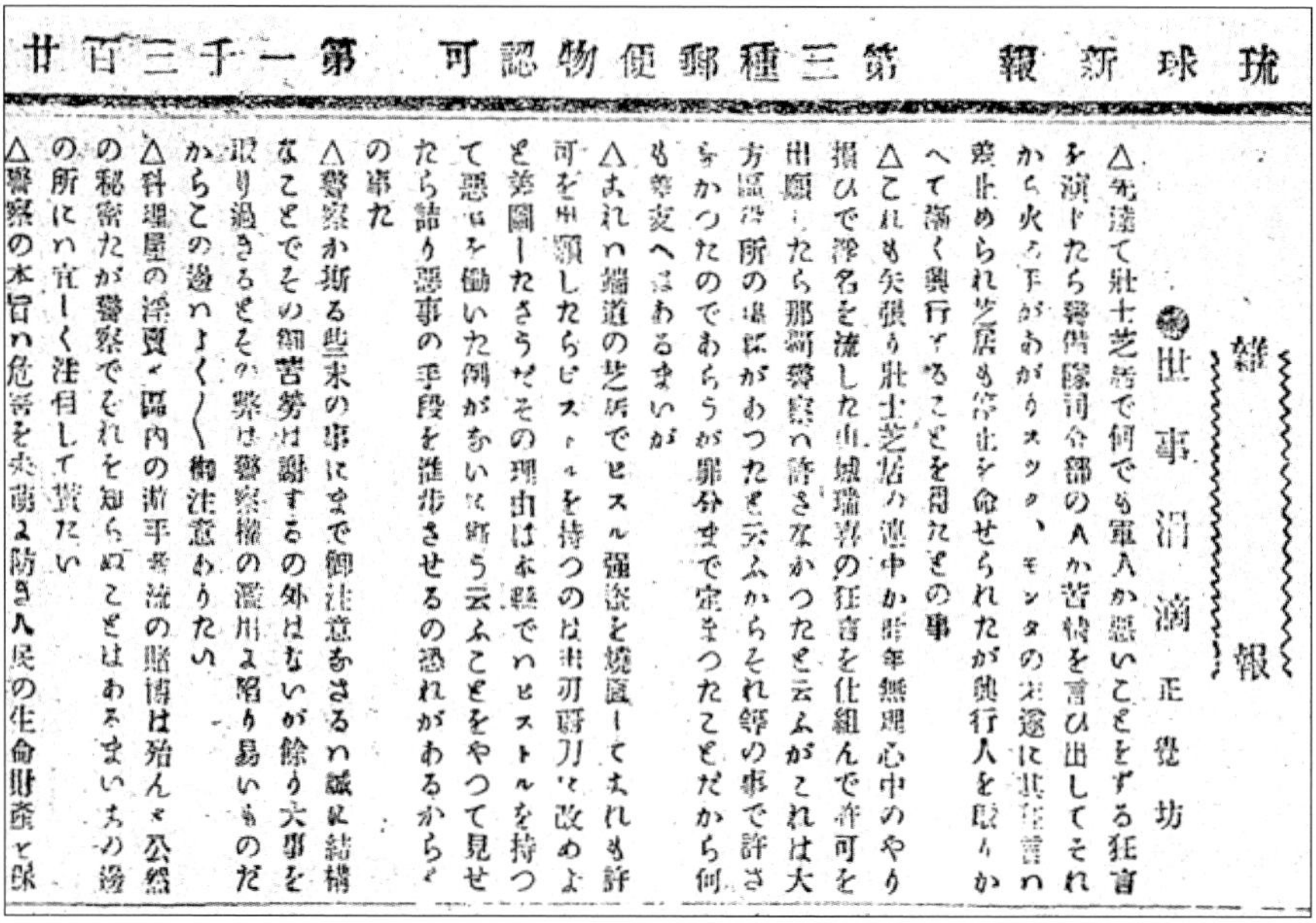
琉球新報　第三種郵便物認可　第一千三百廿

雑報

◉世事消滴　正覚坊

△先達て壮士芝居で何でも軍人が悪いことをする狂言を演じたら砲兵隊司令部の人が苦情を言ひ出してそれから火の手があがりヌッタ、モンタのお還に其狂言は差止められ芝居も停止を命ぜられたが興行人を取りかへて漸く興行することを得たとの事

△これも矢張り壮士芝居の連中が昨年無理心中のやり損ひで浮名を流した山城瑞喜の狂言を仕組んで許可を出願したら那覇警察は許さなかつたと云ふがこれは大方区役所の出張所があつたと云ふからそれ等の事で許さなかつたのであらうが罪分までを宗まつたことだから何も差支へはあるまいが

△あれは端道の芝居でピストル強盗を焼直してあれも許可を出願したらピストルを持つのは不可刃ぽに改めよと差図したさうだその理由は本県ではピストルを持つて悪い事を働いた例がないに斯う云ふことをやつて見せたら詰り悪事の手段を進歩させるの恐れがあるからとの事だ

△警察が斯る些末の事にまで御注意なさるは誠に結構なことでその御苦労は謝するの外はないが余り大事を取り過ぎるとその弊は警察権の濫用に陥り易いものだからこの邊はよく〳〵御注意ありたい

△料理屋の淫売や区内の御手弄流の賭博は殆んど公然の秘密だが警察でそれを知らぬことはあるまいから此の邊の所には宜しく注目して貰たい

△警察の本旨は危害を未萌に防ぎ人民の生命財産を保

警察の壮士芝居に対する規制を報じた1901年３月27日付琉球新報

の芝居があった。逮捕されそうになった強盗役はピストルで自らを撃ち、血のりが流れた。真境名は「見物人は、唯《ただ》、唖然《あぜん》として目を丸くしていた」「演技、背景等に、工夫、改善を加え、沖縄演劇改革の第一歩を踏み出した」と強調している。

だが同年三月二十七日の琉球新報での太田朝敷（正覚坊）のコラムは、ピストル強盗の芝居の許可出願に対し、警察がピストルを出刃包丁に改めるよう指示したと報じている。当時の沖縄ではピストルを使った犯罪の例がなかったため、「悪事の手段を進歩させる」として助長を恐れたのだ。

太田は「警察が斯《かか》る些末《さまつ》の事まで御注意なさるは誠に結構なことでその御苦労は謝するの外《ほか》はないが余り大事を取り過ぎるとその弊は警察権の濫用に陥り易いものだからこの邊はよくよく御注意ありたい」と皮肉たっぷりに批判している。さらに芝居の規制よりも、料理屋での売春や賭博について「警察でそれを知らぬことはあるまい」「注目して貰《もらい》たい」と注文している。

だが、その後新聞も近代化の名の下、警察の芸能規制に加担していくことになる。

新聞が役者を攻撃

一九〇一年ごろに壮士芝居が沖縄でも盛んになったのを皮切りに、沖縄芸能界は本土の影響を受ける。真境名由康は『真境名由康　人と作品』収録の自伝で、「明治三〇年（一八九七年）ごろからは組踊は全く下火」になっていたと回想している。「目新しい物を演じればあたる」と経験していた役者たちは貪欲に県外の素材を集めた。

由康の養父由祚《ゆうそ》が旗揚げした「沖縄座」は新派の悲劇「不如帰」を上演。渡嘉敷守良、守礼兄弟の「球陽座」と競いながら、それぞれシェークスピア作品も上演した。一方、古典舞踊と組踊が衰退していくのを憂いた由祚は一九〇五年ごろ、玉城盛重を指導者に迎え、若い座員に古典舞踊と組踊の稽古も始めた。

そんな中、沖縄座が一〇年の旧暦三月公演で上演した歌劇「泊阿嘉《とうまいあーかー》」が空前のロングランを記録する。当時は「浜千鳥」という題名だった。「泊阿嘉」に対抗するように伊良波尹吉も「奥山の牡丹《ぼたん》」などを創作した。これらの作品は今では名作歌劇と呼ばれ、誕生以来、沖縄芝居の王道に君臨し続けている。当時、若い女性がパナマ帽製造の仕事で経済力をつけ始めたこともあり、観客は女性中心になっていった。

大野道雄著『沖縄芝居とその周辺』によると、長編歌劇誕生の熱気に包まれる一〇年から新聞の役者攻撃が始まる。発端は「芋助」という筆名で書かれた七月二十五日付琉球新報のコラム「改良劇と中座」だった。中座は新垣松含、伊良波尹吉らが旗揚げした劇団。「斬新奇抜の改良劇」と宣伝して喜劇を上演したが、コラムでは「東京大阪で演じた其儘《そのまま》を琉語にして演って居る」と批判した。

「女性誘惑し風教を乱す」

これを受けて二十七日に「黒頭巾」という筆名によるコラムが出るが、芝居の内容から役者の素行に踏み込んで批判が先鋭化する。女性を誘惑し「家庭の平和を破り社会の風教を乱す」と書き立てた。同日の「読者倶楽部《くらぶ》」も記事に応じ、役者を「色魔」「男三貫《さんぐわ》なー

（男娼《だんしょう》）」と罵倒している。

二十八日には一面の社説で「本県に演芸の興業されて以来役者の醜聞絶ゆる時なし」と切り出し、「良家の婦女と醜猥《しゅうわい》の汚行を演ずる」と批判した。役者と「芸《げい》娼妓《しょうぎ》」との関係は「汚物を芥溜《ごみため》に投するの類にして（中略）大目に見過ごしたり」というくだりはあまりに人権意識が欠けている。また前日まで載せていた芝居の広告をこの日から拒否した。一方で女性を誘惑した具体的な事例については「読者に於《お》いても既に幾多の実例を周知せられたる」を理由に記載していない。

「役者の堕落」と題し、芝居を批判した1910年7月28日付琉球新報の社説

　さらに二十九日付社説では「行政命令若《も》しくは警察力を以《も》って成《な》る可《べ》く醜物の跋扈《ばっこ》を緊束」することまで訴えている。三十日のコラム「間口間話」は「泊阿嘉」について触れ、「艶物で当世の青年男女の春情を煽るばかりで風教を傷つける」と批判した。

　こうした役者攻撃に耐えかね、中座の新垣、明治座の守良、沖縄座の由祚の三座長が三十一日、琉球新報社を訪れた。（1）不品行の者は雇わない（2）街回りの広告をやめる――を条件に、攻撃記事の中止を要請した。同社は八月二日付で攻撃記事を中止する。だが「風教維持の立場より将来永く之《これ》が監視を怠らざらん」とも宣言した。

　三年後には再び攻撃を再開。一九一三年十二月七日からは二十回にわたり「役者の妻」という連載を掲載した。「風教維持」とは名ばかりに、読者の投稿などを基に役者の夫婦関係、女性問題についてセンセーショナルな中傷記事を書き立てた。

攻撃記事で中座分裂

一九一五年七月六日、中座に衝撃が走った。座員が女性を暴行したという記事が琉球新報に載ったのだ。「うそ八百だ」。憤慨した役者一七人が七日、記事を書いたとみられる記者の自宅と琉球新報社に押し寄せ、抗議した。九日には座長の新垣松含が那覇署に呼ばれ、新聞社に押し掛けた騒動について今後注意するよう説諭を受けた。だが事件自体の摘発はされず、警察の手を離れた。それでも新報は攻撃をやめなかった。中座側も伊良波尹吉を中心に「世間はかえって(新聞を)相手にせざるなり」と抵抗した。

逆風が吹く七月二十日、中座は新たな拠点「大正劇場」でこけら落としを迎える。役者たちは楽隊を先頭に二十人余で宣伝の町回りに出発した。だが記者が見ているのを気にしたのか、人々は避けた。初日の観客は午後八時半を過ぎてもたった二十五人。そのうち十一人は役者の親族だった。新報は同日から「秘密通信部」を設け、劇団を日夜監視した。役者のひいきを調べ、「罪悪を暴露する」目的で観客の実名を「劇場秘密通信」に載せた。客足は遠のき、新報は二十六日付で「目的の大半を遂げたり」として攻撃を中止した。だが営業は好転せず、中座は十月に大正劇場を立ち退き、幹部も分裂してしまう。

一六年三月十二日には当間重慎那覇区長、伊波普猷、新聞記者、球陽座、中座の幹部らが「沖縄演劇協会」を設立する。演劇の改良、組踊など古典の保存を目的とした。同年、琉球新報は「演劇革新の声」という欄を設け、尚順や政治家らの談話を掲載した。帽子工の女性らに人気のあった恋愛物中心の歌劇を蔑視し、中央の演劇界に倣った「革新」と古典の保存を訴えた。

歌劇廃止に追い込む

長編歌劇の誕生以来、新聞などの「知識人」と権力による芝居への圧力は強まっていた。それは一九一七年、歌劇廃止という形で頂点に達する。四月十一日付の琉球新報は潮会（球陽座から分かれた劇団）、中座が警察と相談の上、歌劇廃止を決議したと報じた。さらに「品性、芸の向上などを計り大いに腐敗せる本県梨園《りえん》界を刷新する」ため、俳優組合設立の計画があると報じた。

記事では「芝居側でも歌劇が社会に悪感化を与える事は認めて居《い》た」「婦女子、子供等には歌劇がなければ面白みがないと云《い》うので（中略）営業政策上余儀なく今日迄《までや》演り通して来た」と記している。それが役者の本音であるはずがなく、自主規制という形を強いられたのだ。

同日付記事によると全廃前、警察に上演を出願された歌劇のうち約四割は不許可にされていた。一方、大野道雄著『沖縄芝居とその周辺』は「六割を許可せざるをえなかったことは、歌劇への民衆の支持が当時いかに高かったかを示している」と指摘する。禁止されている間も伊良波は役者が歌わなければいいだろうと、警察が巡回に来たときは地謡に歌わせてパントマイムで演じたと伝えられている。民衆の思いは抑えきれず、歌劇はその後いつの間にか復活していく。

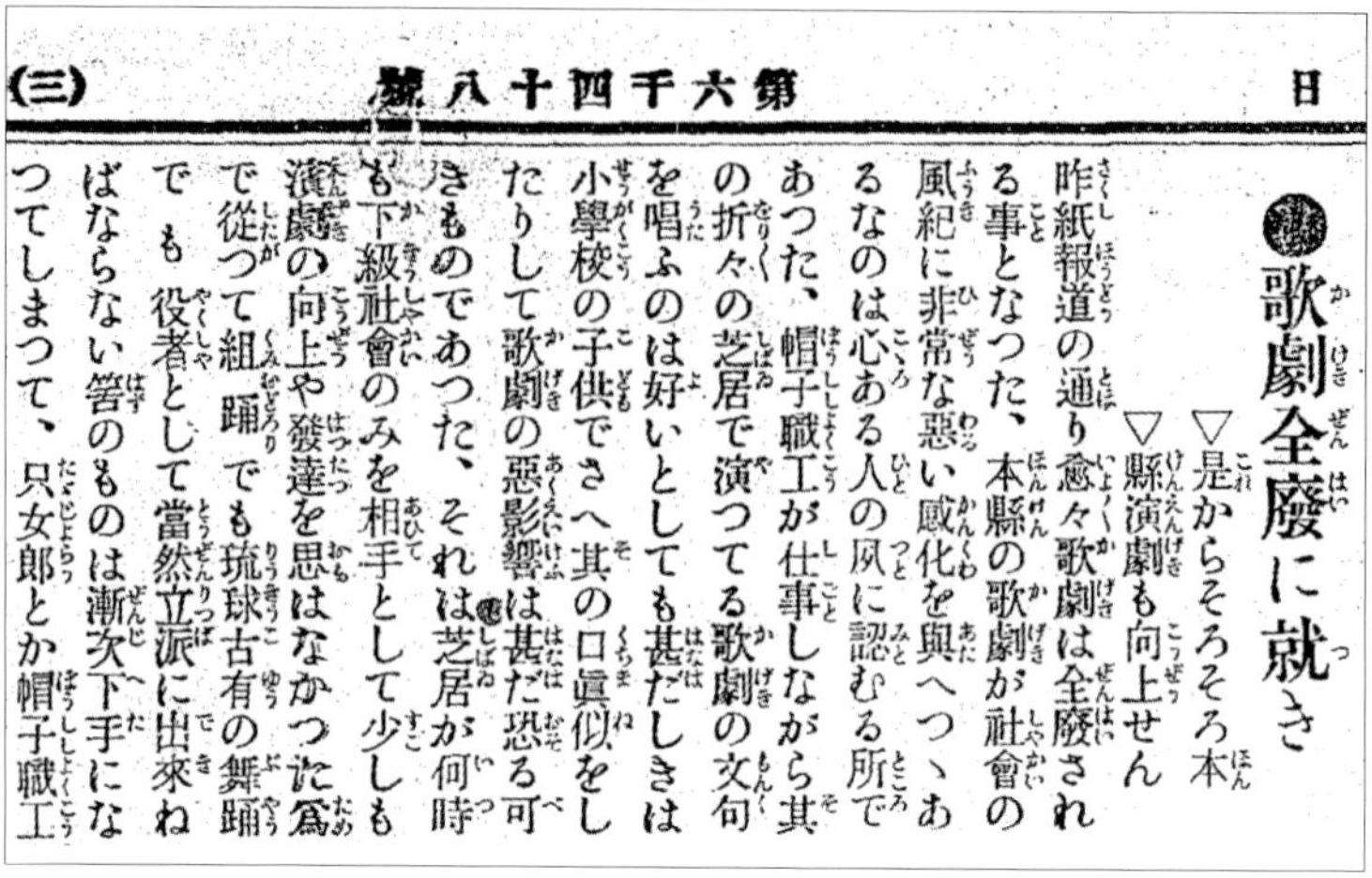
日　第六千四十八號　(三)

歌劇《かげき》全廢《ぜんはい》に就《つ》き

▽是《これ》からそろそろ本《ほん》
▽縣演劇《けんえんげき》も向上《こうぜう》せん

昨紙《さくし》報道《ほうどう》の通《とほ》り愈々《いよいよ》歌劇《かげき》は全廢《ぜんはい》される事《こと》となつた、本縣《ほんけん》の歌劇《かげき》が社會《しやかい》の風紀《ふうき》に非常《ひぜう》な惡《わる》い感化《かんくわ》を與《あた》へつゝあるなのは心《こゝろ》ある人《ひと》の夙《つと》に認《みと》むる所《ところ》であつた、帽子職工《ぼうししよくこう》が仕事《しごと》しながら其《そ》の折々《をりをり》の芝居《しばゐ》で演《や》つてる歌劇《かげき》の文句《もんく》を唱《うた》ふのは好《よ》いとしても甚《はなは》だしきは小學校《せうがくこう》の子供《こども》でさへ其《そ》の口眞似《くちまね》をしたりして歌劇《かげき》の惡影響《あくえいけふ》は甚《はなは》だ恐《おそ》る可《べ》きものであつた、それは芝居《しばゐ》が何時《いつ》も下級社會《かきうしやかい》のみを相手《あひて》として少《すこ》しも演劇《えんげき》の向上《こうぜう》や發達《はつたつ》を思《おも》はなかつた爲《ため》で從《したが》つて組踊《くみをどり》でも琉球古有《りうきうこゆう》の舞踊《ぶやう》でも役者《やくしや》として當然立派《とうぜんりつぱ》に出來《でき》ねばならない筈《はず》のものは漸次《ぜんじ》下手《へた》になつてしまつて、只女郎《たゞぢよらう》とか帽子職工《ぼうししよくこう》

歌劇廃止を報じる1917年４月12日付の琉球新報

歌とイクサ世

「軍人節」に厭戦込める

「チコンキー（蓄音機）ふくばる」の愛称で親しまれ、近代琉球民謡の祖といわれる普久原朝喜。戦前、大阪で「マルフクレコード」を設立し、多くの民謡を作り出した。

一九〇三年、旧越来村（現沖縄市）に生まれた。二三年に出稼ぎで大阪へ。望郷の思いで「浜千鳥」を歌った。沖縄出身者に対する差別が根強い時代だった。「方言で歌っていると『琉球人がいる』と思われるため、押し入れに隠れて小さな声で歌っていたそうだ」。キャンパスレコード社長で作詞家の備瀬善勝は語る。歌声はさらに哀愁を帯び、従来の「浜千鳥」よりもゆったりとした曲調になった。諸説あるが、その曲が「下千鳥」になったと備瀬は朝喜から聞いたという。

朝喜もまた権力に苦しめられた。時期ははっきりし

マルフクレコード50周年記念公演で妻・京子（左）と歌う普久原朝喜＝1975年（國吉和夫撮影）

ないが、毛遊び歌を元にした朝喜の代表作「ハンタ原」の「歌詞が卑わい」という理由で警察に勾留されたこともあったという。出征する夫とその妻の別れの悲しみを歌った代表作「軍人節」は規制の対象となった。大阪府庁の検閲で「琉球の民謡ふぜいが『大日本帝国軍人』の尊称を使うとは何事か」と許可されなかったという。「軍人節」を「出征兵士を送る歌」に改題し、連作の「熊本節」などと合わせて「入営出船の港」というタイトルのレコードにして発売した。一九三〇～三三年ごろのこととされる。だが、文芸同人誌『脈』第四八号（一九九四年）に収録されているマルフクレコードの目録では、「出船の港」は三五年発売となっている。「軍人節」にタイトルが戻るのは戦後のことだ。

「軍人ヌ務ミ《チトゥ》　我《ワ》ネ嬉《ウリ》サアシガ」などといった歌詞は一見、戦意を高揚し、軍国主義を賛美しているように映る。しかし、曲調や歌い方は悲しげに聞こえる。備瀬も「歌詞はいかにも戦争に協力しているように見えるが、聞いてみるといかにも厭戦《えんせん》歌」と指摘する。

「入営出船の港」の最後で朝喜は「長浜君、万才《ばんざい》！」と繰り返す。『脈』第四八号で、作詞家・放送人の上原直彦はこう分析している。「御国のため滅私奉公する出征兵士への『バンザイ』ではなく、自分のうたが、庶民の戦争に対する心情がレコードという形で日の目をみたことに歓喜したしたたかなまでのひらきなおりの『バンザイ』に聞こえるといったらうがちすぎるだろうか」。備瀬も「朝喜は思想家でも何でもない。庶民の思いを歌っていただけだ」と評する。

民謡も軍に〝動員〟

日本が十五年戦争のただ中にある時代、県民生活は急激に戦時体制へと組み込まれていった。戦意高揚を意図した映画が上映され、歌が作られるようになった。県民に娯楽を通じて、軍国主義、戦争賛美の精神、思想がすり込まれていった。

「紀元二六〇〇年」を祝った一九四〇年十一月、「琉球新報」には「新東亜建設へ！／日本精神昂揚の大国民歌／今こそ声高らかに絶唱すべき時！」の触れ込みで「国民進軍歌」という題名の歌の発売を知らせる広告が載った。

教育現場では、大東亜共栄圏建設のスローガンとなる「八紘一宇《はっこういちう》」を歌詞に盛り込んだ校歌が生まれている。子どもから大人まで、戦場動員の下地が作られた。

戦争協力に担ぎ出されたのは沖縄民謡も同じだった。同年には「銃後の護り」「名誉の負傷兵」「勇士の妻」という歌が生まれた。太平洋戦争が勃発した四一年には「銃後の乙女」「強い日本人」「守れ南海」「新体制の唄」「時局センスル節」などの民謡が作られている。

四〇年の「別れの盃」は出征する男と送る女の掛け合いの歌だ。男は「親加那志我身ヤ　国ヌタメ尽チ手柄立テヤビラ　御願ゲミソリ」と歌う。出征の別れの悲しみを歌った普久原朝喜の「入営出船の港」と異なり「別れの盃」では自ら望んで戦場に赴く様子が歌詞に読み取れる。

「裸足禁令の唄」（四一年）は同年一月から風俗改良運動の一環として県令で定められた那覇市の「裸足禁止」に合わせて作られた。三番で「守礼ノ邦ノ県民ガ　裸足ナテ歩チュシヤ　支那ノ国売テ喰ユル　蔣介石トキヌムンテサ（守礼の邦の県民が裸足で歩くのは中国を売った蔣介石と同じだ）」と歌う。

若者は隠れて青春歌

しかし、軍国調を帯びた歌謡曲や民謡を励行するような動きに民衆は素直に従ったわけではなかった。放送人・作詞家の上原直彦は「当時は国が国民に対して『軟弱な歌を歌ってはいかん』ということだったのだろうが、思春期に反抗するのは今も昔も変わらない。歌いたい気持ちを抑えることなどできるはずもなかった」と指摘する。

現在は人工ビーチなどがあり多くの人が訪れる那覇市の波の上海岸。以前はいくつもの洞穴があり、四〇年ごろになると、県立第二中学校の生徒らが自然と集まった。隠れて「恋はやさし野辺の花よ」などの青春を謳歌《おうか》した曲を歌い、その洞窟は通称「うたガマ」と呼ばれた。洞穴内では音が反響する。戦時下の緊迫した状況の中、心地よい歌声に癒やされていた。詩集を読むこともあったという。

上原は「そういった極限の状態でも何かしら（感情の）発露がある。歌うことのできない場所、時代は不

若者が隠れて歌を歌ったといわれる「うたガマ」があった那覇市の波の上。今では人工ビーチとして多くの人が訪れる

幸だ」と強調する。「『一億火の玉』と言った結果、この国はつぶれた。兵隊を賛美した歌で洗脳しようとしたが、一億の人間をまとめられず戦争に敗れた」。イクサ世に〝歌わされた〟歌は長くは愛されず、戦後消えていった。

珊瑚座と真楽座

「兵隊真境名」裏に苦難

「兵隊《ひーたい》真境名《まじきなー》」。一九三〇年代から四四年の十・十空襲まで劇団「珊瑚座《さんござ》」を率い、「真楽座《しんらくざ》」と人気を二分した真境名由康はファンからこう呼ばれた。戦後も琉球舞踊・組踊の指導者として芸能界をけん引した真境名の功績からはにわかに想像しにくいが、真境名の支援者だった歯科医の友寄英彦《えいげん》が著書『英彦のよもやま話』で紹介している。愛称の由来は真境名が兵隊時代、優秀な成績を収めたからだ。

　真境名が大分の七二連隊に入営したのは「沖縄座」に在籍していた一九〇九年十二月。二一歳のことだ。友寄によると、当時の役者は生活が厳しく、体格の優れない者が多かった。だが頑健な真境名は徴兵検査に甲種合格した。県内で甲種合格は少なかったという。さらに上等兵に昇進して満期除隊となり、「梨園《りえん》界で羨望《せんぼう》された」と記されている。

　一方、真境名は『私の戦後史』で華々しい評価の裏にあった苦労を明かしている。当時は徴兵を忌避する者もいた。真境名も「ぬがーらちくぅいみそーり（免除になりますように）」と普天満宮にお参りしたが、かなわなかった。

　「お前らをぶっ殺しても罪にはならない。一銭五厘の切手を貼ってはがきを出せば、また十人二十人でも集められる」。上官に厳しくしごかれた。一〇年十二月には上等兵候補者の訓練を終えて上等兵に進級した。「『お前らは一等卒、二等卒ではなく幹部になるのだから、他人の三倍も四倍も頑張れ』と散々な日にあった」と回想している。

「芝居のこと、踊りのことなど全く考える暇もなかった」。だが役者であることが隊内に伝わり、招魂祭（慰霊祭）で仕方なく軍服のまま、自らの口三線で踊ったこともあったという。一一年十二月、成績優秀として善行証書を与えられ、満期除隊となった。だが、役者に戻った後も軍隊や警察などの権力に苦しめられることになる。

阿麻和利を演じる真境名由康（『真境名由康　人と作品　上巻』より）

警察が芝居規制を強化

真境名が兵役に就いていた一九一〇年、沖縄では長編歌劇「泊阿嘉」（我如古弥栄作）が誕生した。歌劇は女性を中心に圧倒的な人気を得た。だが警察や知識人層から白眼視され、一七年に表向きは自主規制の形で廃止に追い込まれる。それでも人気は衰えず、結局廃止することはできなかったようだ。真境名は二三～二四年ごろ、歌劇「伊江島ハンドー小」を発表した。現在も名作として高い人気を誇る。

だが芸能への規制は再び強まっていく。三一～三四年ごろの珊瑚座旗揚げ、三二～三三年ごろの真楽座旗揚げに先立つ二九年、県は興行場及興行取締規則を制定する。興行の許可制や警察官が監視するための「臨監席」の設置は一八九二年の演芸場取締規則からあったが、興行場及興行取締規則は第三七条で村芝居も許可制にした。興行の日時、場所、脚本、出演者などを警察署に届け出て、許可を受けることが義務付けられた。

さらに特筆すべきは第四四条で内容に関する禁止条

項が強化されたことだ。(1)勧善懲悪に背く、(2)卑わいまたは残酷、(3)犯罪を誘致助成、(4)政談に紛らわしきもの、(5)教育上悪影響を及ぼす、(6)その他公安風俗を害する――など九項目を禁止した。該当する場合は警察官がその場で上演を中止し、警察署が興行を禁止することができた。警察の判断でどんな芝居でも規制できる規則だった。

戦前の黄金期築く

真境名由康が率いた「珊瑚座」の結成時期は文献によって異なるが、『真境名由康　人と作品』(一九八七年、同刊行委員会)によると、一九三一年に那覇西本町の旭《あさひ》劇場で旗揚げした。三一～三三年ごろ、玉城盛義(玉城流始祖)が座頭(座長)となり、「真楽座」も結成された。両劇団には戦後、芸能の復興・発展を導いた先達《せんだつ》たちが所属した。強まっていく戦時色と標準語励行に翻弄《ほんろう》されながら、四四年の十・十空襲まで戦前の芸能黄金期を築いた。

初期の珊瑚座には島袋光裕(島袋本流紫の会始祖)、親泊興照(親泊本流始祖)、宮城能造(宮城流始祖)、戦後「竹劇団」を率いた平良良勝、アンマー役を得意とした鉢嶺喜次、「剣劇王」と呼ばれた比嘉正義らが名を連ねた。三四年に珊瑚座は「新天地」の異名を持つ那覇劇場に移る。その間に我如古弥栄、上間昌成、真喜志康忠らが加入した。

四〇年四月十一日付沖縄日報に出した旧暦三月興行の広告では、一八四演目を並べ「お望次第どの劇でも上演」と誇らしげにうたっている。知識人でつくる後援会があったことや、講師を招き、役者が文化などを学んだのも先進的だった。

三六年には日本民俗協会が東京の日本青年館で「琉球古典芸能大会」を開催した。玉城盛重、新垣松含、金武良章、珊瑚座の由康や親泊興照ら、真楽座の玉城盛義や儀保正輝(二代目儀保松男)らが参加した。沖縄の芸能が本土で評価された画期的な出来事だ。

標準語励行で歌舞伎調

だが三七年に日中戦争が始まると、戦時体制が進め

「春の猿引」を踊る真境名由康（左）と娘由乃＝1940～41年ごろ、珊瑚座（『真境名由康　人と作品』より）

られ、皇民化の一環として県の標準語励行も強まっていく。そうした状況下で由康は三八年ごろ、異色の短編歌劇「春の猿引」を作った。せりふは全て歌舞伎調のやまとぐち。踊りや音曲は沖縄調だ。猿引が大事にしていた猿を譲り、金持ちになる。一方、猿をもらった人は貧乏に。元猿引が昔をしのんで新年に猿引を招くと、猿が昔の主人に気付き再会を喜ぶ。人の世の盛衰と猿との愛情を描いた。

由康に生前聞き取りした大城學琉大教授によると、当時は標準語の作品を「作らざるを得なかった」という。由康の長女由美子（九三）は「『春の猿引』は沖縄語を使わないから、警察（の検閲）に筋書きを出すと喜ばれた」と証言。次女由利子（九一）は「いくつかこういう（標準語の）作品があった。お客さんは沖縄語であろうが何であろうが、華やかであれば喜んだ」と振り返る。

当時、警察官が監視する「臨監席」を劇場内に設置することが義務付けられていた。珊瑚座の幹部だった光裕の四男で島袋本流紫の会宗家の光晴（八一）も劇場に出入りしていた一人。光晴によると、臨監席は二階席の上手前方、観客の邪魔にならないような位置にあり、机が備え付けられていた。由美子らは当時を思い出し、顔を曇らせる。「ちょうちんをつけた巡査が（提出された脚本と）合っているかねーと（確認した）。（内容が気にくわないと）座長が呼ばれて『どうしてあんなことをやってるのか。直しなさい』と怒られた」。

組踊も標準語使用求める

「大変なことになった」。一九四二年四月ごろ、劇団「珊瑚座」の真境名由康と島袋光裕が後援会の友寄英《えい》彦《げん》を突然訪ねた。佐藤という県特高課長の名で珊瑚座と真楽座に「組踊の上演は標準語でなければ許可しない」「あらかじめ標準語で書いた脚本を提供して許可を得よ」と通達があったのだ。友寄が著書『英彦のよもやま話』で明かしている。二人は「普段の元気の色もなく、淋《さび》しい表情」で窮状を訴えたという。

組踊が官憲に規制されたのはこの時が初めてではない。規制の主な対象は恋愛物が多く女性に人気のあった歌劇だったが、組踊「手水の縁」も上演が禁止されたことがある。一八年三月十六日付琉球新報は「那覇前署長時代に一部の不見識極まる警官連に依りて久しく上場禁止となり居たる平敷屋朝敏作組踊『手水の縁』は昨日高橋署長に依りて許可されたり」と報じた。十八日付では「高橋署長の聡明《そうめい》なる判断をたたえる」「この踊りを卑猥《ひわい》劇として許可しなかった警官の無智《むち》に驚く」と報じており、恋愛物である「手水の縁」が歌劇と同様に攻撃されたことがうかがえる。

一方、四二年の規制は標準語励行によるものだった。琉球新報編『昭和の沖縄』（一九八六年）によると、県社会事業主事として標準語奨励に関わった吉田嗣延は移民する人、徴兵検査を受ける人、本土へ出稼ぎに行く人などが標準語の習得を必要としており、「より広い社会圏に適応するため」だったと主張している。

四〇年には来県した日本民芸協会の柳宗悦らが「標準語を奨励するあまり、地方語をおろそかにしてはいけない」と訴え、「方言論争」が巻き起こった。民芸協会はこのとき、珊瑚座で組踊なども観劇している。だが吉田は「県民の苦痛と負担の上に方言を残せと言っている」と感じ、主張はかみ合わなかった。『昭和の沖縄』では標準語励行が吉田の思惑とは別に「国家主義の具へとからめとられていった」と論じている。

真境名由康（前列右から２人目）と友寄英彦（同６人目）、島袋光裕（同左端）＝1930～31年ごろ、仲井間宗一宅（『真境名由康十三年忌追善公演』冊子より）

島袋光裕著『石扇回想録』（一九八二年）によると、佐藤特高課長の言い分は「組踊が琉球の尊い古い芸能であることはよく承知している。故に日本の有名人士にも十分理解していただく」というものだった。真境名の長女由美子は当時の父について「『どうやって日本語に直すのか。組踊ができなくなる』と苦しい思いをしていた」と振り返る。

友寄も「そんなばかな話があるか」と憤慨した。当時の具志堅宗精那覇署長を訪ね、佐藤課長に「世論を喚起しても阻止する」と激論を交わした。翌日には真境名と島袋を連れ、早川元知事に「知事の命令か」と問い詰めた。「琉球の国劇ともいうべき組踊を標準語でやれとはもってのほかだ。僕から取り消すように話しておく」。早川知事は真境名や島袋に握手を求めて激励し、標準語による組踊上演は免れた。その後、共通の知人だった宮城嗣吉（後の沖映演劇社長）らは友寄と佐藤課長の和睦を促したが、実現しないまま佐藤課長は戦死したという。

軍が劇場を接収

一九四三年、珊瑚座は拠点としていた「新天地（那覇劇場）」の持ち主から立ち退きを求められる。幹部だった島袋光裕の『石扇回想録』によると、劇場主が別の人に貸す契約を結んだためだ。さらに県が劇場は

珊瑚座が警防団を結成したときの記念写真。前列右端が真境名由康＝1939～40年ごろ、波上宮（『真境名由康　人と作品』より）

老朽化して危険だと判断した。

新天地は当時、沖縄唯一のコンクリート二階建てで「石家」と呼ばれた。だが島袋は「辻の大火の焼け瓦や古い鉄道レールをセメントで固めただけ」と記している。珊瑚座が出た後、劇場主は新しい人に貸したくて「危険ではない」と証明しようとしたが、使用は許可されなかった。皮肉にも新天地は戦火をくぐり抜け、戦後も残ったという。

新天地から出ることになった珊瑚座は自分たちで劇場を建てることを決めた。三〇坪以上の新築は軍に禁止されていたため、波上にあった元料亭を移転、増築することで切り抜けた。こうして同年、西新町の埋め立て地に建設したのが「国民劇場」。渡口政興という人が名付けたが、戦時下の空気が反映されている。

役者が自力で本格的な劇場を建設したのは画期的だった。謝花雲石が書いた看板、山田真山による陶器の蘭陵王の面を飾った。七百～八百人が収容でき、沖縄初のホリゾントを備えていた。幹部だった宮城能造の『私の戦後史』（沖縄タイムス社編、一九八二年）によると、経営は順調で幹部の月給は六十円。「特高課から『署長でもそんなには取らない。世間に悪い影響を及ぼす』とクレームがついた」と回想している。

だが国民劇場の命も短かった。四四年、戦争激化に伴い劇場が軍に接収されたのだ。珊瑚座は接収延期を申し入れたが、聞き入れられなかった。真境名由康座長の長女由美子は「軍が決めたら逆らえない。自分の意志はなかった」と振り返る。「生活に困るのであれば軍隊の慰問公演をせよ。その代わり生活物資は支給する」が最後の通牒《つうちょう》だった。

劇団は慰問公演へ

拠点を失った珊瑚座は軍の慰問公演に出る。島袋は「創作する意欲も失せて（中略）その日まかせのプログラムで日々を過ごすだけであった」と回想している。同年の十・十空襲で国民劇場は灰になった。

作家の火野葦平は短編集『ちぎられた縄』（一九五七年）収録の「新琉球記」で接収後の珊瑚座に触れている。「昭和十九年九月、インパール作戦の帰りに那覇に飛行機が不時着したときには、珊瑚座は兵営になっていた。客席であったところは廐《うまや》になり、馬がたくさんつながれて、糞だらけであった」。同短編集収録の小説「珊瑚座」でも惨状を描写した。

火野は一九四〇年に珊瑚座で初めて琉球舞踊や組踊を鑑賞した。真境名の「人盗人の舞台姿の立派さ、面白さ」に感銘を受け、戦後も交流した。

火野は従軍記『麦と兵隊』（一九三八年）で人気を集め、戦後は戦争協力者として批判も受けた。その『麦と兵隊』も検閲によって一部が削除された。だが、同じく検閲や軍に翻弄された真境名らに共感を抱いていたのかもしれない。

盛義が芸磨いた基盤

戦前の沖縄芸能界で珊瑚座と双璧をなしたのが真楽座だ。一九三二～三三年ごろに大正劇場で旗揚げした。大正劇場は尚順男爵が那覇市西村海岸を埋め立てて建設した。真楽座で子役をしたことがある八木政男（八四）によると、現在のパシフィックホテル沖縄（同市西）付近だという。県議の高安高俊、役者の玉城盛義、仲井真盛良が組織し、盛義が座頭を務めた。

矢野輝雄著『沖縄芸能史話』（一九七四年）によると、真楽座の名前は仲井真の「真」、高俊の経営するバー楽天地の「楽」から採っている。高俊の息子六郎（八一）によると、劇場内に三つの円を大きな円で囲んだ紋があった。三つの円は高俊、盛義、仲井真を意味するという。

盛義は玉城盛重のおいであり弟子。戦前から辻のジュリら多くの人に舞踊を教えた。若いころは色気のある二枚目から女形までこなした。戦後は玉城流を興し、現在の琉球舞踊界で最大規模の流派となっている。

後に仲井真は珊瑚座に移り、珊瑚座にいた平安山英太郎が加入する。戦後に「大伸座」を立ち上げる大宜見小太郎と宇根伸三郎、小太郎の父朝良、現在も活躍する瀬名波孝子も在籍した。そのほか、上間昌成、名女形だった亡き兄の跡を継いだ二代目儀保松男（儀保正輝）、敵役の名人だった知念喜康、大見謝恒幸、比嘉良順、良徳兄弟らがいた。真楽座は巨星盛義が第一線で芸を磨いた基盤であり、後輩に当たる戦後の重鎮たちにとっても原点といえる。

真楽座の（左から）比嘉良徳、知念喜康、比嘉良順、玉城盛義、金城珍行（手前。珍光とする文献もある）、大宜見小太郎、儀保正輝、大見謝恒幸、平安山英太郎、宮平寿郎（琉球芸能写真史編纂会発行『琉球芸能写真史』より）

ベテランの多い珊瑚座に比べ、真楽座は若手中心で若い女性に人気があったと伝えられる。上間昌成作の現代歌劇「愛の雨傘」、盛義作の「卯年の春《うどし》」から生まれた舞踊劇「戻り駕籠《かご》」などが大当たりし、現在も受け継がれている。

八木は舞台を離れた役者ののどかな様子も明かす。「大正劇場は海が近く、舞台や稽古がないと釣りをしたりタコを捕ったりした。儀保《じーぶ》ぬ三郎やっちー（儀保正輝）はたうちーおーらしぇー（闘鶏）が好き。私はたうちー持《む》ちゃーもしたし、知念さんがタコを捕るときはかご持ちゃーもした」。

恋愛物、再び廃止へ

だが次第に濃くなる戦時色が、順調な劇団経営に影を落としていく。一九四〇年六月二十一日付の大阪朝日新聞鹿児島沖縄版は「県保安課では演劇界の向上を期すため演劇興行取締規則を改正、積極的指導取締りに乗り出すことになり近く新県令を公布する」と報じた。技芸人の免許制、営業場の指定、興行鑑札の制定などが主な内容だったという。

同年十月十三日付では那覇署が真楽座、珊瑚座の俳優教育に乗り出し、九日に代表者を呼んで「新体制下の興行」を説明したと報じた。仲村兼信署長は「安価な恋愛ものなどの一掃」を勧めた。新聞では「代表者側でもこれに賛同」と報じたが、大衆に人気のあった恋愛物の廃止に積極的に同意したとは考えにくい。一七年に恋愛物中心の歌劇の自主規制に追い込まれたときと同様の事態が二十年余を経て再来したのだった。

当局自ら台本提供

警察による検閲や県などによる標準語励行の動きは戦時下で強まっていくが、当局が自ら劇団に台本を提供し、コントロールすることもあった。一九四〇年十二月十五日付琉球新報に載った珊瑚座の広告には時代劇「怨《うら》みの明月」、舞踊劇「双児の王子」といった普通の芝居に混じり、「婦人倶楽部《くらぶ》所載　国民劇『理想の良人』」という演目が見られる。「婦人倶楽部」は講談社の雑誌だ。

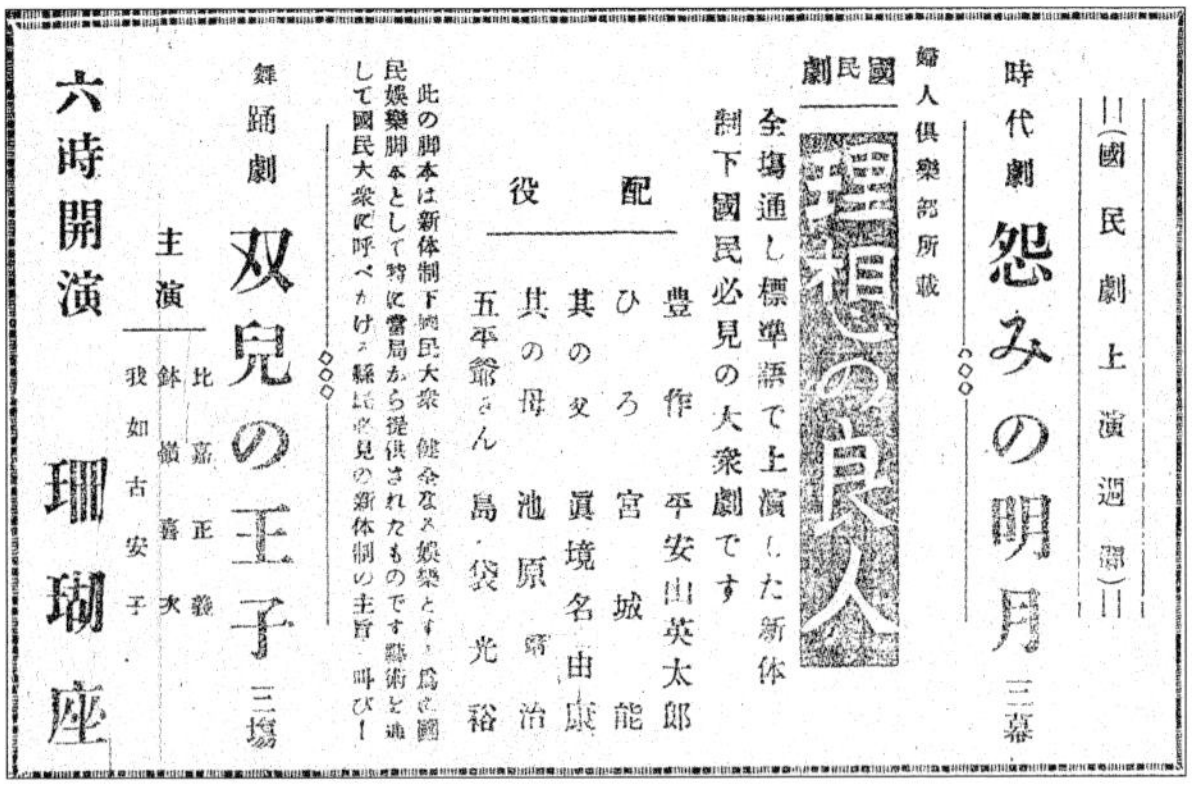

当局が台本を提供した「国民劇」に関する珊瑚座の1940年の広告

広告によると、掲載された時期は「国民劇上演週間」だったようだ。「全場通し標準語で上演した新体制下国民必見の大衆劇」「此の脚本は新体制下国民大衆の健全なる娯楽とする為に（中略）特に当局から提供されたものです。芸術を通して国民大衆に呼びかける」と説明がある。内容は不明だが、真境名由康、島袋光裕、宮城能（「能造」の誤りと思われる）、平安山英太郎らそうそうたる面々が出演している。

「健全な娯楽」という文言からは同年十月に「一掃」と報じられた恋愛物に対抗する娯楽という意味合いが感じられる。

四二年一月三十日の大阪朝日新聞鹿児島沖縄版は、那覇署が真楽座から提出された再興行願に対し、歌劇の全廃などを条件に許可したと報じた。演劇は全て標準語を使用することも条件だったが、「当面は一日一題以上上演すればよい」とされた。真楽座が再興行願を出した理由は分からない。以前から警察による規制はあったが、この記事では「従来、消極的だった警察取り締まりが文化向上の積極的指導取り締まりに乗り出した」と報じ、より強化されたことがうかがえる。

演目規制、村芝居にも及ぶ

演劇の取り締まりはプロの役者だけでなく、農村の村芝居にも及ぶようになる。一九四三年九月二日の同紙は、中頭郡の各町村から演目を出し合い、沖縄初の「必勝下にふさわしい健全娯楽、芸能大会を開催、方言劇を完全に駆逐」と報じた。読み取れない部分があり主語がはっきりしないが、「沖縄在来の種目に対する選定」「方言劇の禁止」「男子は絶対におしろいをつけぬこと」などを決まり事として村芝居を「指導」することも決まったと紹介している。

同月四日の同紙は島尻郡翼壮団と島尻郡翼賛会支部文化部が村芝居で上演してよい演目と上演してはいけない演目の指標を決めたと報じた。このことから、先の記事で村芝居の「指導」を決めたのも両団体と推測できる。上演してよい演目は「御前風（かぎやで風など）」のほか、「上り口説」などやまとの影響を受けた演目、「久志若按司口説」「波平大主口説」など敵討ちに関する勇ましい演目を挙げた。

上演してはいけない演目は「金細工」「川平節」「汀間と節」「加那ヨー節」「ムンヂュル節」「バザン川」などの恋愛を描いた雑踊が並ぶ。「泊阿嘉」「奥山のボタン」「伊江島ハンドー小」「愛の雨傘」といった歌劇に加え、「手水の縁」「執心鐘入」といった恋愛を描いた組踊も「銃後の張り切った心を蝕《むしば》む退廃的な内容」として禁止された。戦時下において芸能は「増産突撃への活力素」（同紙）としての価値しか認められていなかった。

行政が軍事劇を募集

軍事劇は行政がコンクール形式で募集した作品もあり、新聞社が関わった例もある。一九四〇年三月十五日の沖縄日報によると、県軍事援護課は傷痍《しょうい》軍人への「感謝優遇の念」を養う脚本を募集した。二十五点の応募があり、中には八三歳のお年寄りが書いたものもあった。県が委嘱した審査委員には同課長の西宮という人物ら県職員、小野秀雄憲兵隊長に加え、琉球新報の仲泊良夫、沖縄朝日新聞の与儀清三ら新聞記者が名を連ねている。

琉球新報は同年五月八日から二十六日まで十回にわたり、傷痍軍人優遇脚本の募集で佳作となった「心の光」を掲載した。書いたのは新垣庸一という人物だ。粗筋は農家の青年上地啓作が戦地で負傷して盲目となる。帰郷した啓作を村人は優しく迎えるが、いいなずけハル子の父は二人の結婚に反対する。琉球古典音楽を習い始めた啓作はある日、「國の為つくち　くらやみに居しが　うまんちゅのたしき　光なとさ」と琉歌

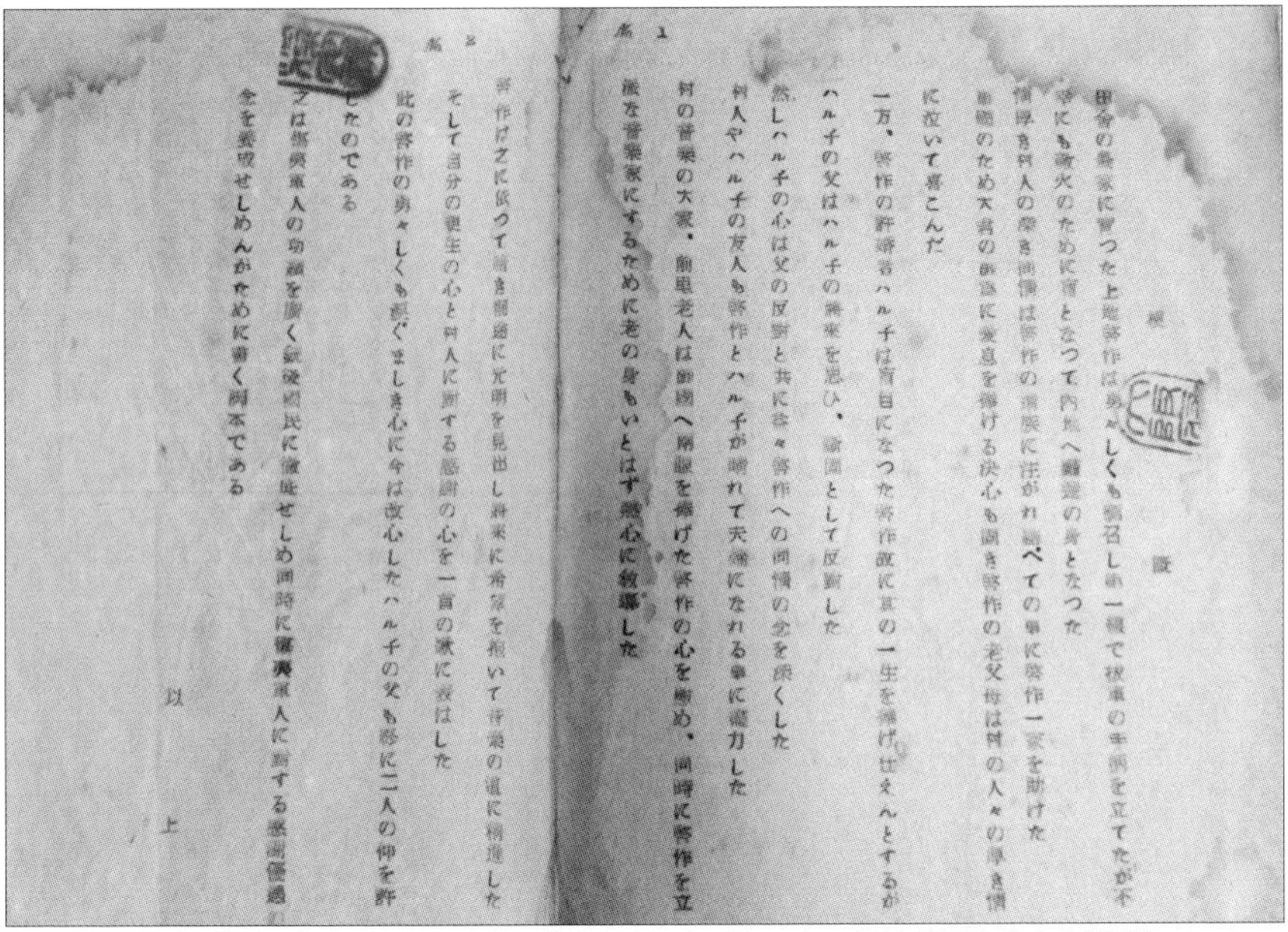
梗　概

自分の農家に育つた上地晋作は勇ましくも応召し一機で敵軍の軍旗を立てたが不幸にも砲火のために盲となつて内地へ帰還の身となつた
情厚き村人の厚き同情は晋作の家族に注がれ総べての事に晋作一家を助けた
御国のため大君の御為に奉公を捧げる決心も固き晋作の老父母は村の人々の厚き情に泣いて喜こんだ
一方、晋作の許婚者ハル子は盲目になつた晋作故に其の一生を捧げせえんとするがハル子の父はハル子の将来を思ひ、断固として反対した
然しハル子の心は父の反対と共に益々晋作への同情の念を深くした
村人やハル子の友人も晋作とハル子が晴れて夫婦になれる事に尽力した
村の音楽の大家、前里老人は御国へ両眼を捧げた晋作の心を慰め、同時に晋作を立派な音楽家にするために老の身もいとはず熱心に教導した
晋作は之に依つて明き前途に光明を見出し将来に希望を抱いて音楽の道に精進した
そして自分の更生の心と村人に対する感謝の心を一曲の歌に表はした
此の晋作の勇々しくも雄々しき心に今は改心したハル子の父も遂に二人の仲を許したのである
本脚本は傷痍軍人の功績を広く銃後国民に徹底せしめ同時に傷痍軍人に対する感謝優遇の念を涵養せしめんがために書く脚本である
以　上

県が募集した傷痍軍人優遇脚本で佳作となった「心の光」（国立劇場おきなわ所蔵）

を詠み、「仲間節」に乗せて歌う。これを聞いたハル子の父は心を入れ替え、結婚を認める。

この脚本は役者の大宜見小太郎が所有していたものが現存している。真楽座にいた大宜見は同年七月の大阪興行を機に大阪に移り住み、養父朝良と琉球演劇舞踊団を旗揚げした。所有していた脚本は四四年に大阪府保安課の検閲を受けている。検閲の結果、もちろん「支障ナシ」の印が押された。真楽座でも上演されていたのかもしれない。

「軍事援護劇」のコンクールは大阪時代にもあったようだ。大宜見は著書『小太郎の語やびらうちなぁ芝居』で自作の現代劇「輝く太陽」が知事賞を取ったと記している。自身の役者経験と沖縄をテーマにした作品だったという。

国策の芸術、新聞社も審査

国策に沿った作品の募集は映画でもあった。一九四〇年五月九日の琉球新報の広告によると、沖縄文化映画研究会が「皇紀二千六百年」を記念し、映画の原作小説「沖縄の姿」を募集した。中心となったのは映画館「旭館」の主、馬上太郎だ。東宝映画が映画として制作する計画だった。審査員は東宝の幹部、又吉康和琉球新報社長、當眞嗣合沖縄朝日新聞社長、屋冨祖徳次郎沖縄日報社長、後に沖縄民政府初代知事に任命される志喜屋孝信（当時は郷土協会長）らだった。

広告は「沖縄の姿」のテーマを「輝く沖縄の一千年の歴史と、沖縄の持つ文化、明日への沖縄が進むべき目標」と伝えている。抽象的だが、同年の『月刊文化沖縄』十号で馬上は「国策に添う為国民精神の昂揚《こうよう》なり（略）東亜《とうあ》共栄圏の発展に資す可《べ》く（略）相つとめる沖縄県民活躍の姿」と語っている。だが結局、応募作の中に趣旨に沿ったものはなく、映画化はされなかった（九月十二日付琉球新報）。このとき選外佳作となった七人の中には新垣庸一の名もあり「心の光」の作者と同一人物である可能性がある。

こうして検閲の圧力に限らず、懸賞によっても国策に沿った芸術が素晴らしいとする空気が醸成されていった。

大舛大尉を芝居に

戦時中に上演された代表的な軍事劇の一つが「大舛大尉」の劇だ。与那国島出身の大舛松市《おおますまついち》陸軍中尉は一九四三年一月十三日、ソロモン諸島のガダルカナル島で戦死し、大尉に昇格した。軍人最高の栄誉とされた「個人感状《かんじょう》」を県出身者で初めて授与され、「軍神」に祭り上げられた。沖縄新報も同年十二月から「大舛大尉伝」を一三六回にわたり連載し、戦意を高揚した。沖縄新報は「一県一紙」の言論統制により、四〇年に琉球新報、沖縄朝日新聞、沖縄日報が統合されて誕生した新聞だ。

珊瑚座の幹部だった島袋光裕の著書『石扇回想録』によると、大舛大尉の劇は真楽座では池宮城秀意の演出で上演された。池宮城は三五年に沖縄日報に入社。新聞統合などへの反発から四〇年に退社し、県立中央図書館の司書になった。戦後は琉球新報社社長となり、反戦平和を訴え続けた。三二年には共産青年同盟の機関誌配布などに関わったことから治安維持法違反容疑で逮捕され、刑務所に三年間収監されたこともある。

真楽座の高安高俊（前列左から３人目）、玉城盛義（同４人目）、平安山英太郎（同５人目）、大見謝恒幸（同左端）、大宜見小太郎（中列左から２人目）、儀保正輝（同４人目）、比嘉良順（同５人目）、比嘉良徳（同６人目）、宇根伸三郎（後列左から２人目）ら＝1935年ごろ（儀保家提供）

池宮城は著書『沖縄人への遺言状―ふるさととの対話―』（一九七六年）で日米開戦について「米国に戦いを挑むということは無茶な話であった」と冷静に見ていたことを回想している。沖縄新報についても「軍部のウソの大本営発表ばかり空々しく掲載していた」と批判している。当時、公務員だったとはいえ、どういう思いで「大舛大尉」を演出したのかは不明だ。

真楽座の経営者・高安高俊の息子六郎は「大舛大尉」について、比較的標準語の得意な若手を中心に演じたと記憶している。真楽座の若手の一人に二〇一五年八月に九八歳で亡くなった儀保正輝（二代目儀保松男）がいた。演目ははっきりしないが、役者の八木政男（八五）は正輝も軍事劇に出演していたことを覚えている。

正輝の兄、初代儀保松男は名女形で人気を博したが、一九三一年に早世した。兄の死後、正輝も女形として活躍した。一七歳ごろから徴兵されるまでの約六年間、真楽座で玉城盛義の相手役を多く務めた。軍事劇では国防色の服を着て、千人針を贈られ出征する兵士を演じたという。八木は「私が知る儀保さんの唯一の主役だ。あれ以来、男役は見たことがない」と話す。

珊瑚座も「大舛大尉」を上演した。島袋は長勇《ちょういさむ》参謀長を訪ね、軍服や肩章などを貸してほしいと依頼した。長は快諾し、新品を箱ごと与えたという。島袋が大舛大尉、真境名由康が参謀を演じた。大舛大尉の劇は「好評を博した」と伝える文献もあるが、島袋は「大がかりな演出にもかかわらず、これは観客に受けなかった。軍の政策への反発が潜在していたのかも知れない」と回想している。

真楽座も接収、兵舎に

真楽座の一階席奥にあった「電話ボックス」のように仕切られた空間。腕章をし、軍刀を持った男が窓から舞台をにらんでいた。真楽座の経営者・高安高俊の息子六郎が記憶する一九四〇～四四年ごろの光景だ。当時、警察官らが舞台を監視する「臨監席」の設置が義務付けられていた。真楽座の場合、電話ボックスのように区切られていたことが特徴だ。中に机といすがあった。

検閲は警察がしていたが、六郎は臨監席の男性が軍刀を持っていたことから憲兵も来ていたのではないかと推測する。「検閲（で提出された脚本）と合っているか確かめる。違っていたらすぐ『おい、こら！やめなさい』と言われる。みんな緊張してやっていた」

六郎は六歳ごろから子役として舞台に立ち始めた。既に軍事劇、標準語劇が中心になっていた。阿麻和利が出るような沖縄芝居を標準語でやることもあった。「いつも『ぐぶりーさびら』と舞台袖に入る役者は警察官らが来ると『それでは、さようなら』と言い換えた。お客も笑っていた」。

標準語劇の中でも「仮名手本忠臣蔵」は人気だった。標準語励行が盛んになる前から沖縄で演じられていた。浅野内匠頭《あさのたくみのかみ》をモデルとした塩冶判官《えんやはんがん》役を演じたのは座頭の玉城盛義だ。

だが軍事劇の多くは人気がなく、客の入りが悪かったという。「歌劇や舞踊劇が沖縄の芸能だ。日の丸を振っても見に来る観客はいない。（軍事劇に）演技論なんてない。惨めだった」。若手の役者が徴兵されたため、素人だった六郎の母キヨも舞台に立つようになった。苦しい生活に嫌気がさし、役者はますます減っていった。

標準語励行の時代だが六郎を育てた祖母マヅルはうちなーぐちだけを使った。おかげで六郎にうちなーぐちが染み込み、後の役者業に役立った。マヅルはモンぺも嫌い、いつも着物だった。道の向こうから巡査がやって来ると六郎に合図させた。「巡査どー」。すると祖母は巡査に背を向け、着物の裾を股《また》に挟んだ。モンぺに見せてやり過ごそうとしたのだ。

四四年ごろ、真楽座も珊瑚座と同じく軍に接収されて兵舎になった。六郎は祖母や叔母、妹と台湾に疎開する。船団は米軍の魚雷を避けるため、ジグザグに航行した。日本軍の護衛艦が爆雷を海に投下し、波しぶきが上がった。六郎は自分たちの船に当たったのではないかとガタガタ震えた。出港から十日ほど後に台湾の基隆に到着した。九月の残暑が厳しい中、マヅルらは手袋をしていた。針突《はじち》を野蛮人と誤解されないためだったという。

真楽座の思い出を語る高安六郎＝2015年、宜野湾市の事務所

母キヨも六郎たちを追って台湾へ疎開した。高俊と親しく、日本軍の小禄飛行場に勤めていた宮城嗣吉（後の沖映社長）を通じて、飛行機で渡ったという。軍刀を持った八人ほどの士官と同乗し、沖縄を離れた。それは十月九日。翌十日の十・十空襲を間一髪で逃れたのだった。

軍慰問準備中に爆撃

一九四四年十月十日朝、真楽座で子役をしていた瀬名波孝子（八二）＝当時十一歳＝は日本軍の慰問公演に向かおうと那覇市の家で準備していた。上空を航空機が飛んでいた。「演習だはずね」。そう思っていると降下してきた。「あれ、飛び方が面白いね」。空襲警報が鳴った。「本物だ！　早く壕《ごう》に入りなさい」。誰かが叫んだ。米軍の十・十空襲だった。

瀬名波は九歳ごろに真楽座に入った。劇団が軍事劇の子役を探していたのがきっかけだ。役者の親泊元清が兄の友人で、学校帰りに連れて行かれた。習っていた「くてぃ節」などを踊ってみせると、その日のうちに出演することに。「帰ったら（芝居に出ていると知らない）親は『子どもが盗まれたよー』とどぅまんぎているわけさ」と笑う。

　真楽座を経営する高安高俊は県議だった。高安は瀬名波が通う泊国民学校に「この子に芝居をさせたい」と電話した。学校公認で芝居に出るようになり、放課後は劇場へ急いだ。

10・10空襲のときに持っていた四つ竹を手にする瀬名波孝子＝2015年、那覇市の自宅

　組踊「銘苅子」や史劇「大新城忠勇伝」などにも出演したが、軍事劇が多かった。劇団は警察に検閲用の脚本を提出していたが、役者は台本ではなく口立てで演じていたという。父が出征し、女手一つで育てられているきょうだいの妹を演じた。軍事ものの舞踊もあった。「昭和十七、八は大東亜戦争の決戦のときが来た　あれ、決戦だー　決戦だー」。今でも一部を歌うことができる。日の丸の旗を振って踊った。

　四四年ごろに真楽座が拠点とした大正劇場は接収され、兵舎に変わった。「子どもだから『何で兵隊が寝てるかねー』と不思議だった」。接収後は軍の慰問を行い、戦意を鼓舞するような演目を見せた。詳細は覚えていないが、高俊が考え、座長の玉城盛義が振り付けたものなどがあった。

　十・十空襲当日は高俊から武部隊（第九師団）の慰問に行くと聞かされていた。習ったばかりの古典女踊「四つ竹」を踊る予定だった。空襲の中、盛義からもらった小道具の四つ竹を救急袋に入れたまま逃げた。

その四つ竹は長年お守りとして大事に持っていたが、二〇一八年に盛義の孫の秀子に贈った。

瀬名波家は自宅裏に壕を造っていた。だが結核で療養している家主の兄が先に入り、瀬名波らが入る余裕はなかった。外に飛び出した。海岸の石垣のそばにしゃがんで布団をかぶった。一〇〇メートルほど先に爆弾が落ちた。爆風で布団にいっぱい泥が付いた。「(周辺の地面が)泥んこだから衝撃があまりないわけさ。それで助かった」。家の周辺には橋がたくさんあり、米軍機は橋を狙っているようだった。壊されないうちに急いで渡った。逃げる途中、自宅が燃えているのが見えた。

瀬名波は翌十一日には学童疎開に出発する予定だった。柳ごうりの中に服や黒砂糖を入れて準備していた。逃げるとき、自宅裏の壕に柳ごうりをとっさに投げ込んだ。空襲翌日に取りに行き、家族の貴重な財産となった。家を失った瀬名波家は宜野湾の知人宅に身を寄せた。

学校へ通おうとしたが、勉強どころではなかった。瀬名波ら子どもたちも日本軍の陣地壕《ごう》構築を手伝わされた。切り倒した松の皮を子どもたちが鎌で剥ぎ、残った木材を陣地壕の柱にした。

米兵も「同じ人間」

数カ月過ごすと、戦争が激しくなるから北部に逃げるよう命令が出た。家族といとこの六人で二日間歩き、今帰仁村の乙羽岳に隠れた。暗くなると畑の残り物を手で探り、モーアーサ（陸生ラン藻の一種）やネズミなども食べた。いとこは日本兵がサトウキビをかじったまま、銃剣で刺されて死んでいるのを見た。

マラリアがはやり、一家は下山した。「いつ死んでもいいって思っていた」。その翌日、米軍に見つかった。銃を向けた米兵を「やっぱり鬼みたいだ」と思った。家族は保護され、同村越地に移された。

だが米兵たちは瀬名波家に優しかった。隊長らしき人物ら五～六人がよく訪ねてきた。「ちゃーびら、孝子、あんまー」。うちなーぐちと英語を教え合うようになり、缶詰をくれた。一方、越地では米兵相手の「慰安所」が設置された。日本軍の相手をさせられていた

戦後、ときわ座在籍時の瀬名波孝子（中央）。左は玉城初子、右は真喜志八重子＝1951年ごろ（瀬名波孝子芸道40周年記念公演冊子より）

女性らが今度は米軍の犠牲になった。仲のいい米兵は慰安所に近づかないよう瀬名波に忠告した。

「明日は那覇にボンボン（戦闘）しに行く」。ある日、米兵たちが切り出した。車に乗せられ、お別れ会に招かれた。瀬名波をいすに座らせ、楽器を持った米兵たちが取り囲んだ。「まさか殺されるのかね」。少し不安を感じていると、パーンと盛大な演奏が始まった。両手に収まらないくらい菓子もくれた。

ある米兵は自分の髪の毛を巻き付けた木の十字架を手渡した。「自分たちが死んだら骨を探しに来てほしい。もし自分たちが生き残って、孝子たちが死んだら骨を探しに来る」。身ぶり手ぶりでそう話しているのが分かった。瀬名波の母ウトゥは反物をハンカチ大に切り、お守りとして米兵たちに渡した。

瀬名波の脳裏にある出来事がよみがえっていた。宜野湾にいたころ、家の近くの川で日本兵が沖縄の兵隊に自分のふんどしを洗わせていた。なぜ洗っているのか尋ねると、沖縄の兵隊は「しっ」と瀬名波の言葉を制し、うちなーぐちで話した。「やなあびーしーねー、くるさりんどー（悪く言うと痛い目に遭わされるよ)」」。日本兵は「何を話してるんだ」と近づき、「この子もお前らをばかだと言ってるぞ」と笑った。「日本兵は沖縄の兵隊をいじめたのに敵の米兵は優しい」。頭が疑問符でいっぱいになった。「敵ながら同じ人間なんだね。戦争が終わればいいね」。「バーイ」「サンキュー」と泣く米兵たちを見て、瀬名波はそう思った。

火の海の中、衣装取りに

長堂英吉

一九四四年十月十日、後に作家となる長堂英吉(八三)も十・十空襲を体験した。当時、松山国民学校の六年生。那覇市松下町(現松山)にある実家の薬屋の前をほうきで掃いていた。「いつもと違う飛行機の音がする」。真楽座の瀬名波孝子と同様、異変に気付いた。空を見上げると見慣れない黒い飛行機が飛んでいた。縦列をつくり、急降下して那覇港へ向かっていく。港から「ドカン、ドカン」と爆撃の音が聞こえた。米軍のグラマン機だった。

沖縄連隊区司令部裏の丘に登った。だが周辺の家々も焼けはじめた。危険を感じ、波之上の北にあった上之毛の墓地へ逃げた。上之毛から松下町を見た。県立第二高等女学校が燃えていた。司令部も燃えた。松山国民学校も燃えた。「はっきり言って泣いたね。六年いた学校が灰になって。井戸や基礎の石、瓦は残ったが、ガジュマルも全部燃えた」。

この日、真楽座の當間美恵蔵も瀬名波と共に日本軍の慰問に行く予定だった。當間は若手の女形として活躍していた。やまとの化粧を学び、つけまつげも使い、二時間かけて仕上げた。瀬名波は学校が終わると、先輩が来る前に楽屋の鏡などを掃除するのが日課だった。瀬名波が到着すると、當間だけは既に化粧を始めていた。瀬名波は「化粧が珍しくてじっと見ていると『ふぃっちー見るな』とたたかれた」と笑う。

當間は玉城盛義座長の内弟子として辻の舞踊研究所

に住み込んでいた。空襲の中、盛義の家族と辻原の墓地へ逃げた。真楽座の経営者、高安高俊も合流した。墓から拠点の大正劇場に火が迫るのが見えた。「わんねー衣装取《とぅ》いが行ちゃびーん」。當間が切り出した。女形にとって衣装とかつらは命だった。制止を振り切り、火の海へ駆けていった。「まるで『首里城明け渡し』の城内に御印判を取りに戻った池城里之子じゃな」。命からがら戻ってきた當間に高安はあきれた。

戦後、新生劇団（新生座）で活躍していたころの當間美恵蔵（『鼓太平記』より）

後に長堂は當間ら芸能人約百人に取材し、著書『鼓《ちじん》太平記　物語・戦後沖縄演劇史』（一九八五年）をまとめる。本の冒頭では自身が見た光景も重ね、十・十空襲の中を逃げ惑う役者らを克明に描写した。

空襲後、長堂は具志川村（現うるま市）に移り、四五年四月の米軍上陸後は金武村（現金武町）喜瀬武原に六月まで避難した。だが喜瀬武原で祖父謝花長佐が日本兵に間違われ、米兵に射殺された。一家は米軍に投降し、宜野座村漢那に移された。長堂の作品は「エンパイア・ステートビルの紙ヒコーキ」「海鳴り」など戦争、戦後沖縄の影が色濃い。「創作は生活体験の反映だ」と断言する。

空襲で大正劇場は灰になった。盛義や當間ら十人弱の役者は美里村の泡瀬劇場でしぶとく芝居を再開した。當間がかつらと衣装を焼失から救ったおかげだ。興行は米軍上陸直前の三月二十日ごろまで続いた。だが芝居どころではなくなり、戦前の沖縄芸能の黄金期を築いた真楽座はついに幕を下ろした。

十・十空襲で珊瑚座解散

真境名由康が率いた劇団「珊瑚座」は拠点の国民劇場が日本軍に接収された後、軍の慰問公演で全島を巡回した。十・十空襲があった一九四四年十月十日、一行は恩納村の山田国民学校にいた。その場にいた日本兵も米軍機を「友軍の演習だ」と言い、のんびり眺めていた。本物だと分かると大騒ぎになり、学校裏の防空壕に逃げた。米軍機が読谷の飛行場を爆撃し、黒煙と火柱が上がった。劇団員はそれを見ながら那覇に残した家族の身を案じた。

珊瑚座幹部・島袋光裕の息子光晴はその日、家族と那覇市久茂地の自宅にいた。光晴は珊瑚座が長年拠点としていた劇場「新天地」によく出入りしていた。楽屋に行くと親泊興照や「剣劇王」と呼ばれた比嘉正義が「あめ、かめー」とかわいがってくれた。客席後方、二階に上がる階段の近くにあったという売店では由康の妻真鶴が瓶の中から煎餅やあめを出してくれた。「真境名の母ちゃん」と呼んでいた。「子どもだから、劇というより普段食べられない物がもらえてうれしかった」と笑う。

劇団が新天地から国民劇場に移った後はあまり訪ねなかった。だが、「マレーの虎」「ハリマオ」と呼ばれた日本軍の諜報《ちょうほう》員谷豊の軍事劇などが演じられていたのは印象に残っている。銃を担いだ役者が花道を走っていたという。

空襲が始まったのは登校前だった。「最初は演習かなと思ったが、ダダダッと機銃の音が聞こえた。サイレンが鳴って本物だと気付いた。高窓から飛行機がよく見えた」。家の前の防空壕に近隣の四家族が逃げ込んだ。松尾の墓に避難し、さらに壺屋へ逃げた。

県庁近くにあった真境名由康の家では長女由美子、次女由利子が山形屋に出勤する準備をしていた。「そーむん（本物）どー」。長男由之が石垣を跳び越えて駆け込んできた。由康が大事にしていた観音の絵の掛け軸を持って逃げ出した。「私はここで死ぬから行きなさい」。心臓の悪かった真鶴は娘たちにそう言ったが、見捨てなかった。宜野湾の親戚を頼って逃げた。

空襲が収まり、夕方になった。恩納村では珊瑚座の面々が軍のトラックに乗って那覇へ向かった。那覇が

父島袋光裕のノートを見ながら戦中、戦後を振り返る島袋光晴＝2015年、那覇市の琉球新報社

壊滅したことを知らなかった役者たちは焼け野原に絶句した。ある者は泣き出した。焼け残っていた泊の真喜志康忠宅に衣装などを預け、それぞれ家族を捜しにいった。それが珊瑚座の実質的な解散となった。ある者は県外へ疎開し、ある者は沖縄戦を生き残り、ある者は戦死した。

　由康は宜野湾で家族と無事合流した。浦添の壕に一カ月ほど避難したが、家族で大分へ疎開することにした。「観音が家族を守ってくれた」と思ったのだろうか。疎開するときも由康は掛け軸を持っていった。巻いて風呂敷に包んでいたため、周囲に「刀を持っている」と誤解された。

　光裕は壺屋に逃げていた家族を訪ねた。その後、いったん軍のトラックで石川へ避難したが、光裕は「仕事が残っている」と那覇へ戻った。終戦まで家族は再びバラバラになった。

とっさのうそ　兵役逃れ

　南部で戦闘が激化していた一九四五年五月ごろ、珊瑚座の幹部だった宮城能造は玉城村（現南城市）の玉城城近くの壕《ごう》にいた。毎日誰かが死に、遺体運びをさせられた。鉢巻きを締めた「決死隊」が何人も壕から飛び出して行った。宮城は不思議な思いで見ていた。兵隊たちの一挙一動が想像で演じていた軍事劇とそっくりだったからだ。「自分の役は何だったか」。錯覚を起こしながら必死に思い出そうとした。『私の戦後史　第六集』（沖縄タイムス社編、一九八二年）で「本

戦後、東恩納博物館で踊る親泊興照（左）と宮城能造＝1945 ～ 46年ごろ（琉米歴史研究会提供）

当の地獄を知った」と振り返っている。

宮城は女形として人気を博した。早世した伝説の女形、儀保松男は臨終の間際に宮城の手を取り「後を託す」と語ったという（矢野輝雄著『沖縄芸能史話』、一九七四年）。今でこそ女形は豊富だが、戦後しばらく宮城は「最後の女形」と評されていた。

十・十空襲を逃れた宮城の家族は名護へ疎開した。そこへ防衛隊の召集が来た。兵隊は嫌いだった。首里坂下の司令部に召集令状を返しにいった。沖縄芸能誌『ばらん』第二号（名護宏英編、一九八七年）で当時を述懐している。

「返しにきました」。召集令状を差し出すと、日本兵は「非国民めが」と激高した。それを見ていた上官が口を挟んだ。「役者もお国の役に立っている。この前、球部隊の慰問公演での喜劇役者はお前か」。宮城は「ここは勝負だ」と直感した。「はい、私であります」。とっさのウソだったが、召集を延期してくれることになった。宮城はこの上官が長勇参謀長だったのではないかと記している。その後も何度も命拾いをした。識名で島袋光裕を捜して壕を出たり入ったりしていると、三方から銃剣を構えた日本兵が迫ってきた。スパイに間違われたのだ。何とか誤解を解いた。

艦砲響く中「馬山川」

長堂英吉著『鼓太《ちじん》平記　物語・戦後沖縄演劇史』によると、宮城は識名、摩文仁などをさまよった後、知念村（現南城市）志喜屋の収容所に自ら入った。米兵に職業を聞かれ、「時計修理工だ」とウソをついた。米兵CP（民警察官）に任命され、投降した人々を軍人、軍属、一般人などに分ける仕事に従事した。

ある日、米軍将校が訪ねてきて、驚くべきことを口にした。「あなたは俳優だそうですね」。宮城は前歴詐称が追及されると思い、震えた。だが次の言葉は意外なものだった。「あなたに芝居をしてほしい」。耳を疑った。摩文仁ではまだ戦闘が終わらず、家族が戦死した者も多い。誰が芝居を見たいだろうか。固辞したが、将校は粘った。「希望を失っている人たちを勇気づけ、一日も早く沈んだ心から立ち直らせることが必要なのです」。宮城は心を動かされた。「今ほど役者が必要とされるときもない。自分はこの人たちの胸に小さな灯をともそう」。

辻の芸妓《げいぎ》らを集め、六月中旬、志喜屋集落の広場で慰問演芸会が開かれた。三千人の観衆が集まり、涙を流した。「馬山川」の陽気な歌の合間に、摩文仁に撃ち込まれる艦砲の音が響いた。

飢餓生き抜いた興照ら

珊瑚座幹部で戦後は舞踊・組踊指導者として活躍した先達の一人に親泊興照がいる。長堂英吉著『鼓太平記　物語・戦後沖縄演劇史』や高弟の二代目親泊興照（七六）によると、初代興照は十・十空襲の後、東村の福地又や旧久志村の山中に隠れ、飢えに苦しんだ。酒が入らないと昔の話はしない性格だったが、戦争の話は特に語らな

二代目親泊興照

かった。二代目興照は「語れないくらい悲惨な体験をしたのでは」と心中を察する。

初代興照は一八九七年生まれ。女形や二枚目で鳴らし、歌劇「中城情話」の作者として知られる。珊瑚座では多くの作品を振り付けた。戦後、創作群舞が流行したとき、二代目が「うちも創作を作りましょう」と頼むと、「今、創作と呼んでいるのは私たちがやっていた踊りを少し変えただけだ」と話したという。高度な技芸を示す逸話だ。

二代目は初代興照について「踊るために生まれたような人」と評する。戦後、組踊の大作「大川敵討」が上演されたとき、初代興照は乙樽役だった。二代目は毎日道場に通ったが、師匠がせりふを唱《とな》えるのを一度も聞いたことがない。それでも本番では長ぜりふを完璧に唱えた。

二代目も沖縄戦体験者だ。十・十空襲があった一九四四年十月十日の朝。浜で遊んでいると、本部方面から日本軍の艦船が煙を吐きながら名護湾に入ってきた。米軍機の攻撃を受けたのだ。「戦どー」。隣にいたおじいさんが叫んだ。家族五人で山へ逃げた。名護城

戦後、石川の東恩納博物館で「馬山川」を踊る（左から）平良芳子、比嘉正義、上原栄子、親泊興照、備瀬知源、比嘉政光＝1945～46年ごろ（那覇市歴史博物館提供）

の麓に来たとき、名護国民学校に爆弾が落ちた。まだ五歳だったが、三歳の弟をおぶって走った。

その後は名護岳、久志岳などに隠れた。食糧を探しに行くと、あちらこちらで人が死んでいた。周囲の日本兵に「子どもが泣いたら殺す」と言われていた。偵察機が飛ぶと弟の口をふさいだ。ある日、米兵に見つかり、銃を突き付けられて投降した。「『もう死ぬのか』と思った。戦後も米軍が怖くて、トラックや戦車の音が聞こえると夜眠れなかった」。

琉球古典芸能大会で阿麻和利の化粧、着付けをする玉城盛重。後ろで手伝っているのは親泊興照＝1936年、東京（二代目親泊興照提供）

沖縄戦で真楽座、珊瑚座の役者も命を落としたが、両座が古典芸能を師事した玉城盛重も戦没した。盛重は一八六七年生まれ。自身は早く役者を引退し、役者や一般の人に舞踊や組踊を指導した。一九三六年に東京の日本青年館で琉球古典芸能大会が開催されたときは演者の中心となった。琉球芸能に対する評価の向上に貢献した。

東京公演に尽力した折口信夫は五〇年の公演プログラムで「円満な晩年を遂げるだらうと思ってゐた玉城盛重老人が、国頭のどこかの村で、斃《たお》れ死んだと聞いてゐる」と記した（矢野輝雄著『沖縄芸能史話』）。さらに四六年の随筆「沖縄を憶ふ」で「組踊も、今は再見られぬ夢と消えてしまったのであらう」と嘆いた。巨星盛重の死は戦前の沖縄芸能史の終焉《しゅうえん》を象徴する。だが戦前の度重なる規制を乗り越えたように、芸能は焦土の中で再生していく。

ゼロからの出《んじ》立《た》ち

クリスマスに演芸会

日本が敗戦した一九四五年八月十五日、くしくも沖縄では戦後復興に向けて大きく動き出した。米軍政府はこの日、石川市（現うるま市）の民間人収容所に沖縄各地から住民の代表者を集めた。軍政府の諮問機関、そして民政府設立の準備機関として沖縄諮詢会の設置が決まった。二十日には志喜屋孝信委員長をはじめとする委員十五人が選ばれた。

文献によって時期が異なるが、その前後に知念村（現南城市）志喜屋にいた島袋光裕、宮城能造ら役者、音楽家が石川に集められた。長堂英吉著『鼓太平記　物語・戦後沖縄演劇史』によると、役者たちは軍政府からの出頭命令に青ざめたという。戦時中に戦意高揚の軍事劇を演じていたことが追及されると思ったのだ。

役者らを集めたのはウィラード・A・ハンナ少佐だ。目的は軍事劇の追及ではなく、伝統文化の保存と芸能公演を通した民心の安定だった。文学博士だったハンナは四六年十月まで米軍政府教育担当官を務め、沖縄の文化と教育の再興に尽力した。沖縄教科書編集所や教員を養成する沖縄文教学校を設置した。石川の民家

米軍政府勤務時代のハンナ博士
（琉米歴史研究会提供）

クリスマス祝賀演芸大会とみられる舞台で踊る島袋光裕（『石扇回想録』より）

を「沖縄陳列館」（後の東恩納博物館）と名付け、美術品を展示するなど文化財保護にも尽くした。

沖縄諮詢会の文化部で働いていたのが後に沖縄学の第一人者となる外間守善だ。著書『沖縄文学の世界』（一九七九年）で二一歳だった当時を振り返っている。外間によると、ハンナは沖縄復興のために、郷土芸能の復興とキリスト教の布教を基本方針とした。芸能人に最高の待遇を与えよ、というハンナの方針に諮詢会の委員たちは面食らったという。外間は各地のキャンプを回って生き残りの芸能人を集め、世話をした。「芸能公演をするとたいへんに受けて、虚脱状態だった人たちがほんとうに喜んでくれた。郷土芸能の復興の芽はそのときから今日につながっている」と記している。

十・十空襲の後、島袋光裕と息子光晴ら家族四人は石川で別れ、光晴らは金武村（現金武町）中川の民家に避難していた。戦後もしばらく中川の収容所で過ごし、一つのテントに四家族が入った。光裕が石川にいると分かり、再会を果たした。「まさか生きているとは思わなかった」。珊瑚座時代、光晴が登校するときは光裕は寝て、学校から帰ると舞台に出ているというすれ違いの毎日だった。光晴は舞台化粧をした父の顔しか見たことがなかった。再会したとき、「おやじはこういう顔だったのか」とまじまじと見入った。

自伝『石扇回想録』によると、光裕は当初、芸能活動の再開に二の足を踏んだ。長男夫妻、次男夫妻、三女、四女を戦争で失い、ぼうぜんと日々を過ごしていた。光晴は当時の父について「随分落ち込んでいた」と振り返る。ハンナは「沖縄の人々に一日も早く心の糧を与えなければならない。同時に、米軍にも沖縄を認識させる必要がある」と繰り返し説得した。

説得に応じた光裕らは東恩納博物館での試演会を経て、十二月に石川の城前初等学校でクリスマス祝賀演芸大会を催した。『石扇回想録』ではそれに先立ち、四五年八月に沖縄芸能連盟が発足したと記しているが、時期が早すぎるので誤りと思われる。『沖縄の慟哭 市民の戦時・戦後体験記 二（戦後・海外篇）』（一九八一年、那覇市企画部市史編集室編集・発行）によると、沖縄民政府文化部が刊行した『文化通信』四七年八月下旬号では、沖縄芸能連盟は四六年五月十四日に発足したと記されている。新聞紙上で沖縄芸能連盟の名が初めて確認できるのは、連盟が四六年七月四、六日の米国独立節祝賀行事に出演したという記事だ（八月二日付うるま新報）。

クリスマス祝賀演芸大会は戦後芸能の出発点として語り継がれている。ドラム缶を並べ、上に板を渡しただけの粗末な舞台だった。それでも観客の数は五千人超と伝えられる。幼かった光晴の脳裏にも「ものすごい数の人」が舞台に見入る光景が焼き付いている。演芸大会は光裕の「かぎやで風《かじゃでぃふう》」で始まった。「今日《きゆ》ぬ誇《ふく》らしゃや　何《なをぅ》にじゃなたてぃる（今日のうれしさは何に例えられよう）」。観衆は生き残った喜びをかみしめた。

感動呼んだ「花売の縁」

クリスマス祝賀演芸大会で、特に観衆の涙を誘ったといわれるのが組踊「花売の縁」だ。島袋光裕の自伝『石扇回想録』によると、配役は光裕（森川の子）、親泊興照（乙樽）、鉢嶺喜次（薪取）、備瀬知源（猿引）。

鶴松は宮城能造の娘愛子が演じた。猿役の比嘉幸子（七九）は通称「沖縄デブ」として親しまれた比嘉政光の養女だ。

沖縄劇場協会編『芝居と映画』一九四九年三月号によると、政光は「剣劇王」と呼ばれた比嘉正義のいとこだ。二人とも幼い頃から役者に憧れていたが、正義は二七歳に、政光は四〇歳ごろにやっと夢をかなえた。珊瑚座に入りたかった政光は一度断られ、八重山で興行していた翁長小次郎一座で初舞台を踏んだ。やまとの役者・映画監督の中根龍太郎が「日本デブ」と呼ばれていたのに対し、金城珍光という人物（真楽座の金城と同一人物か）が政光を「島デブ」と名付けた。

比嘉幸子

その後、政光は念願の珊瑚座に移籍した。島袋光裕と「島」がかぶらないよう、芸名を「比嘉デブ」にしようとしたが、同姓の正義が異論を唱えて「沖縄デブ」になった。

幸子も父と共に珊瑚座に所属した。十・十空襲があった四四年十月十日は日本軍の慰問で恩納村の山田国民学校にいた。那覇に戻ると泊の家は焼けていた。

「親一人子一人。死ぬときは一緒だ」。疎開せずに国頭村与那の山中に逃げた。米軍に保護され、与那の集落に移されたが、むしろそこから本当の恐怖が始まった。集落で野営していた米軍がほかの場所へ移動すると、日本の敗残兵が住民を襲ったのだ。比嘉親子は同村桃原に逃げた。桃原でもある夜、日本兵が民家に手りゅう弾を投げ込んだ。その一家は病院に運ばれたが亡くなったという。「それまで逆だったのに日本兵から逃げようと大変だった。親も『日本兵を見たらすぐ言いなさい』って」。

比嘉親子はその後、羽地村（現名護市）を経て石川へ移った。役者たちが芸能活動を再開すると、幸子も城前初等学校に通いながら子役として各地の公演に出た。米軍政府経済部長だったニール・ヘンリー・ローレンスが一九四五～四六年に沖縄で撮影した写真に幸子も写っている。「地謡の幸地亀千代さんの腕にぶら下がって遊んだ。城前初等学校の近くに（後の）乙姫劇団の稽古場があり、踊りを習うこともあった」と振り返る。

勉強好きの幸子は芝居に出るために学校を休むのが嫌だった。本人は意識していなかったが、「花売の縁」は観衆の感動を呼んだ。乙樽と鶴松の母子が行方の分からない父森川の子を捜し、再会する物語だ。観衆の中には家族を失った者、生き別れた者が多く、自らの境遇を重ねた。クリスマス演芸大会で「花売の縁」を見た島袋光晴は「みんな目頭を押さえていた。泣いているんだと気付いた」と振り返る。

「花売の縁」で猿を演じる比嘉幸子。当時は面をかぶらず顔に化粧をしていた＝1945 ～ 46年ごろ、場所不明（琉米歴史研究会提供）

当時の写真を見ると、政光は「馬山川」の醜女などコミカルな役が多い。長堂英吉著『鼓太平記　物語・戦後沖縄演劇史』は「ちょい役であれ、この人が姿を現すと観客席は笑いの渦だった」と伝える。幸子は父について「私を大切にしてくれた優しい人だった」と力を込める。

「芸能は好きじゃなかった」という幸子だが、後に箏の音色に魅せられて琉球箏曲保存会の師範になった。やはり父の影響があったのでは、と尋ねると「分からない」と照れくさそうに笑った。

「昭和の御冠船」

島袋光裕の自伝『石扇回想録』によると、沖縄芸能連盟（護得久朝章会長）は一九四五年十二月のクリスマス祝賀演芸大会を皮切りに住民や米軍の慰問で各地を回った。同連盟は「廃藩置県以来、日かげ者にされ続けてきた郷土芸能を、日の当たる場所にもっていくこと、虚脱状態にあった民心を芸能によって救うこ

米軍の慰問公演をしているとみられる芸能家ら＝1945～46年ごろ、場所不明（琉米歴史研究会提供）

と、役者の身分を高めていくこと」を目指した。

光裕の息子光晴や子役だった比嘉幸子によると、米軍は沖縄の言葉が分からないため、慰問は踊りが中心だった。出演者も少人数で一公演に七～八演目程度。テンポの速いものが好まれ、古典女踊は「四つ竹」くらいだった。『石扇回想録』では敵討物はタブーだったとも記している。光晴によると、小那覇全孝（小那覇舞天）も後に乙姫劇団を結成する間好子らを連れ、よく軍慰問に参加した。

幸子は組踊「花売の縁」から猿の踊りを抜粋して演じ、好評を博した。幸子自身は「猿の化粧をしたり同級生にからかわれたりするのが嫌だった」と苦笑いする。当時は猿の面がなく、宮城能造が本物そっくりに子役を化粧したという。

光晴はあまり出番がなかったが、軍慰問に付いていった。「終わったら必ずごちそうが食べられた。それが楽しみだった」。大人たちは英語が分からなかったが、光晴は子どもならではの吸収力でよく言葉を覚えた。「私の言うことは米兵にも通じた。大人たちにとっても私は必要だった」。

嘉手納基地に行くことが多かったが、光晴は担当の将校にかわいがられた。大人の役者たちは軍のトラックに乗ったが、光晴は先導の小型四輪駆動車に乗せられた。ある日、将校は光裕に光晴を養子にくれと頼んだ。意外にも光裕は承諾した。だが、妻は「敵国に子どもが連れて行かれるのを承諾する親がいるか」と激怒した。危うく渡米を免れた。

光晴は戦時中にも母に助けられている。四四年に米潜水艦に撃沈された対馬丸で学童疎開する予定だったのだ。光裕は「沖縄が全滅しても誰かは県外で生き残る」ことに望みを託したかった。だが妻は「生きるも死ぬも家族一緒だ」と疎開に反対した。

四六年四月には沖縄民政府が発足した。団員たちは民政府文化部の芸術技官として政府職員になった。芸能家が公務員になったのは士族が冊封使に御冠船芸能を披露していた琉球王国以来のことだ。大人の月給は約四百円。市町村長級だった。子役ですら五十円をもらえた。

光裕は芸能に対する米軍の協力について「住民宣撫《せんぶ》工作」だと冷静に分析した。だが占領軍とはいえ、最高権力者が戦前の指導者・識者らに軽視されていた雑踊なども鑑賞してくれることに誇りも感じた。「これは昭和の御冠船だ。私たちは、芸能連盟会長の護得久氏に『踊奉行』という尊称をたてまつった」と自伝で振り返っている。

松竹梅劇団を結成

沖縄民政府は九月二十六日と十月六日に役者、音楽家の資格審査を行った。五十人が審査に合格し、十月十六日に俳優の資格証明書を交付された。それまでの米軍慰問では「沖縄ダンシングチーム」と呼ばれていたが、新たに松、竹、梅の三劇団が結成された。松は石川、竹は羽地、梅は知念を拠点にそれぞれ中部、北部、南部を巡回した。十月二十五日付うるま新報で報じられている。

松劇団(島袋光裕団長)は珊瑚座出身者が多かった。鉢嶺喜次は「ちゅらうまにー」と呼ばれ、婦人役に定評があった。剣劇王の比嘉正義は「黒金座主」が当たり役。ほかに親泊興照、「沖縄デブ」と呼ばれた比嘉政光、備瀬知源、親泊元清、幸地亀千代、板良敷朝賢、玉城敏彦らがいた。光裕の息子・光晴も若衆踊や「黒金座主」の小僧役、「報い川」の子役などで出演した。「(親泊興照を)『親泊のおじさん』と呼んで家族みたいなものだった」。比嘉政光の娘・幸子、宮城能造の娘・愛子も子役を務めた。

竹劇団の団長は平良良勝だ。せりふをしゃべるときに口をとがらせる様子から「とぅがいー」とあだ名された。「女よ強くあれ」などの劇作や琉球講談の開拓者としても知られる。劇団員には宮城能造、「愛の雨傘」の作者・上間昌成（北島角子の父）、浜元澄子、屋嘉宗勝らがいた。

梅劇団の団長は伊良波尹吉。そして真楽座出身の玉城盛義、大見謝恒幸、戦前に伊良波と興行していた名城政助、「渡地物語」の作者・高江洲紅矢、儀保哲也らがいた。

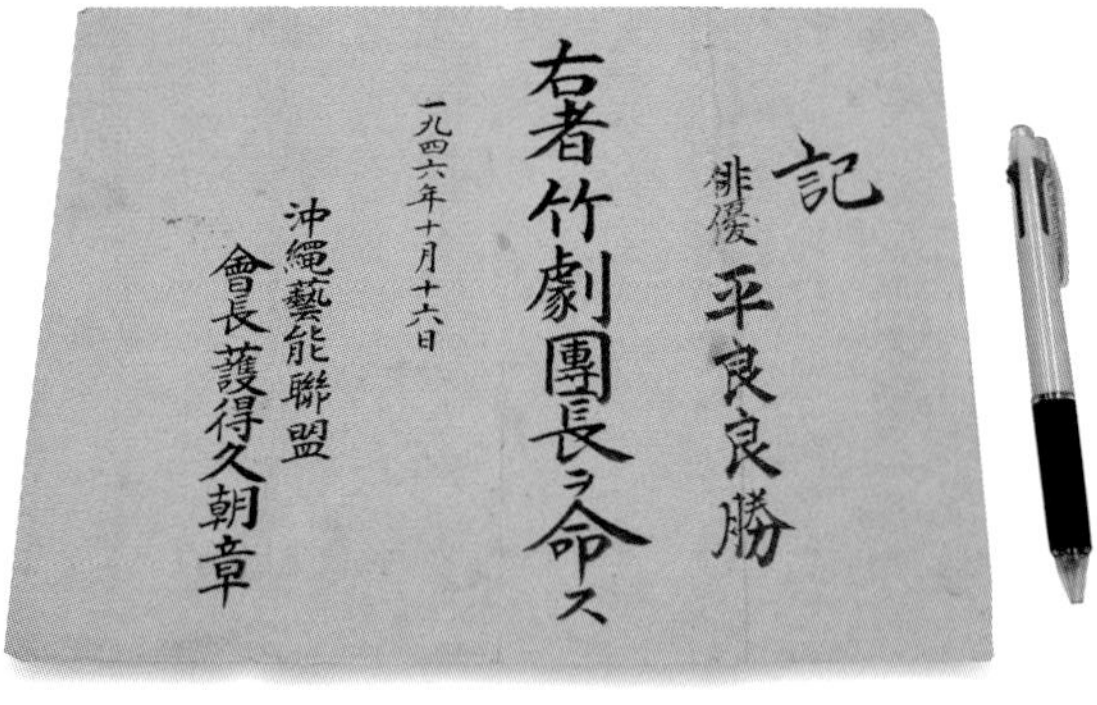
記
俳優 平良良勝
右者竹劇團長ヲ命ス
一九四六年十月十六日
沖縄藝能聯盟
會長 護得久朝章

沖縄芸能連盟が平良良勝に交付した竹劇団団長の任命書

民政府は四七年二月五日にも「芸能銓衡委員会」（資格審査）を行い、三月六日に資格証明書を交付した。三月十四日付うるま新報によると、その時の合格者には真楽座出身の仲井真盛良、平安山英太郎や大阪帰りの大宜見朝良、大宜見小太郎（朝義）、大宜見静子、宇根仲三郎（良安）をはじめ、与座朝明・ツル夫妻（与座朝惟・ともつね兄弟の両親）、金武良章、根路銘房子、金城幸盛、糸村ツル子らがいた。

三劇団の興行は、民政府文化部が各市町村に巡回日を予告し、市町村側は仮設舞台を用意して行われた。劇団は民政府が用意したトラックに乗って各地を回った。公演は昼間だ。観衆は劇団を熱烈に歓迎した。具志川村（現うるま市）であった松劇団の公演では約七千人が集まったという。光晴は「劇場らしい劇場もなかったが、どこへ行っても観客は満員だった」と振り返る。

川平朝申著『終戦後の沖縄文化行政史』によると、給与があったにもかかわらず、木戸賃（入場料）も取ったため、米軍政府と民政府が抗議したことがあった。続々と建設されていた地方の私営劇場の利用料を支払うためには木戸賃が必要だったという。四七年三月十四日付うるま新報によると、劇団は当時、月約五回の興行で三万円近くを稼いでいた。企業として自立できる見通しがついたため、四月から民営化された。入場料の最高料金は大人二円、子ども一円（七歳未満無料）と定められた（五月十六日付うるま新報）。だが、その後も他の劇団の旗揚げは許されず、三劇団の寡占状態がしばらく続いた。

県外から役者ら帰郷

一九四六年十二月、那覇港。大阪で「琉球演劇舞踊団」として興行していた大宜見朝良、小太郎親子ら一行が沖縄に引き揚げてきた。その中に小太郎の異父弟である八木政男（八五）もいた。「ぬーんねーらん……」。八木は絶句した。トラックで旧美里村のインヌミ収容所に移送されるとき、焼け野原の中に母校の旧泊国民学校がぽつんと残っていた。戦前は周りの建物に隠されて見えなかったが、すっかり消えていた。涙がこぼれた。

県外から役者らが帰ってくるのに伴い、沖縄芸能界は活気を取り戻していった。小太郎は自らの劇団を結成するつもりだった。だが、民政府は松竹梅三劇団に制限しており、許可しなかった。やむを得ず、竹劇団に入団した。

県外で活躍していたとはいえ、沖縄で活動するには民政府と三劇団幹部の審査を受けなければいけなかった。四七年二月五日、石川にあった劇団の稽古場で審査が行われた。小太郎らは喜劇を演じ、若手は舞踊を踊った。八木は「上り口説」を踊った。

民政府文化部芸術課長だった川平朝申は『終戦後の沖縄文化行政史』で、資格審査がニミッツ布告の旧法遵守令によるものだと解説している。戦時中、思想監

竹劇団時代を振り返る八木政男＝2016年、浦添市の自宅

視を兼ねて「巡回皇軍慰問」に協力させるために芸能関係者の鑑札制が敷かれたのを踏襲したというのだ。「悪法だから、軍政府にお伺いを立てて廃棄することもできたのに、民政府はおのれの権力示威にこれを温存した」と批判している。

『小太郎の語やびらうちなあ芝居』によると、小太郎らが竹劇団に加入した頃には、松は中部、竹は北部、梅は南部という区割りも廃止されていた。三劇団は好きな場所で興行できるようになっていたという。一方、八木は竹劇団が北部を中心に巡回していた記憶がある。羽地など米どころが多く、木戸に米一合を包んで置いていく人も多かった。当時の米といえば配給の米国産米くらいだ。「竹はいーあんべーだった。松、梅から交代しろと言われた」。松劇団にいた島袋光晴と瀬名波孝子も伊平屋島で公演した際、住民が木戸賃代わりに米を持って来たことが印象に残っている。

八木らは各地を回ったが、劇場といっても客席に屋根がない露天だった。舞台には辛うじて米軍のテントで屋根を造っていた。ある日、団長から「次は中城村の文化劇場に行く」と聞かされた。「文化劇場とはどれほど立派な劇場なんだろう」――。期待に胸を躍らせたが、周囲をススキで囲っているだけで屋根はかやぶきだった。

戦死した妹思い

戦時中、今帰仁村に避難していた瀬名波孝子は米軍に保護された後、羽地（現名護市羽地）を経て金武湾集落（現うるま市具志川）に住んだ。戦前は親泊元清の仲介で真楽座に入った瀬名波だが、役者を再開するきっかけも親泊だった。松劇団の一員として付近で巡業していた親泊が会いに来たのだ。「生きていたんだね」と喜び合った。中学生になっていた瀬名波も松に入団した。

松劇団時代、瀬名波の評価を高めた作品が「奥山の牡丹」だ。ある日、糸満で主演女優が出られなくなった。幕引きをしながら歌を覚えていた瀬名波は代役に手を挙げた。まだ数え一六歳。おかっぱだったので、かつらをかぶった。この挑戦が人気を呼び、観客に「十六小《じゅうるくぐゎー》」とかわいがられた。

みつわ座時代の瀬名波孝子（後列中央）、中山幸四郎（同右）、宮城亀郁（同左）、松茂良興栄（前列中央）、北島角子（同左から３人目）、玉木初枝（同左から５人目）ら＝宮古島（瀬名波孝子芸能40周年記念公演冊子より）

苦い経験もある。「情無情」などに出演したとき、感情移入しすぎて歌えなくなるくらい泣いた。「泣いているように見せて客を泣かせるのが芝居だ。お前が歌えなくなるくらい泣いてどうする」。ベテランの比嘉正義に叱られた。自在に泣く演技、泣きながらせりふを言ったり歌ったりする演技を研究した。

松劇団での活躍を知ったのか、真楽座時代からの師匠玉城盛義に誘われ、盛義と同じ梅劇団に移った。盛義は後に舞踊界の重鎮となるが、瀬名波は忙しさから舞踊の稽古を逃げた。「盛義先生の下で続けていたら舞踊の先生になっていたかもしれない」と笑う。

ときわ座にいた一九五二年、座員の松茂良興栄と結婚した。先輩たちが組踊のような抑えた演技をする中、顔をくしゃくしゃにして泣く松茂良のリアルな演技は新鮮だった。「悲劇ならかなう人はいない。こんな演技をする人がいるんだね、個性を生かすのが芝居なんだねって思った」。松茂良は戦前は珊瑚座に所属。戦時中は台湾に出征した。沖縄出身ということで上官に毎日殴られたが、戦争が終わるとやり返したという。闇夜に乗じて船で八重山に逃げ、役者を再開した。

瀬名波と松茂良らは五四年にみつわ座を旗揚げ。妊娠しても休む余裕はなく、産み月まで舞台に立った。当時、北島角子との「戻り駕籠《かご》」が人気だったが、おなかが大きくうまく踊れない。その晩に痛みを感じて急いで那覇へ。翌朝、長男を出産した。みつわ座は五年ほどで解散したが、六五年から沖映演劇に参加したのが転機となった。多くの主役を演じ、不動の地位を築いた。現在も多くの舞台に出演し、若手の演技指導を務める。

沖縄戦を生き抜き、戦後は息つく暇もなく芝居に明け暮れた瀬名波。自身は無事だったが、ほかの家の養女になった妹ツル子は沖縄戦で流れ弾に当たって死んだ。遺骨は捜せないが、平和の礎に名前が刻まれている。毎年慰霊の日には「ねーねーが来たよ」と菓子を持って行く。

口癖は「戦世《いくさゆ》ん終《う》わてぃ　弥勒世《みるくゆ》んなたれ　互《たげ》に補《うぢな》てぃどぅ　年《とうし》ん取《とう》ゆる（戦世も終わって弥勒世になったし互いに補って年を取る）」。「若い者には負けない」と今日も稽古に向かう。

皮膚薬をおしろいに

終戦直後、役者たちを困らせた問題の一つが衣装や化粧品、小道具の不足だった。竹劇団にいた八木政男はある日、中城村で文化劇場を経営していた医師からおしろい代わりになるという薬をもらった。「これで白くなる。にーぶたー（おでき）も治るさ」。皮膚薬の亜鉛華だった。だが白だけでは幽霊のようになってしまう。紅はどうするか。海で瓦を割り、その粉を使った。だが瓦の粉で肌が荒れる役者もいた。「肌が荒れたらまた亜鉛華を塗った。うまくできたもんだね」と振り返る。『鼓太平記　物語・戦後沖縄演劇史』によると、次硝酸ビスマスという胃腸薬を水に溶かしたものも、おしろい代わりに使われた。

ひげ、眉は鍋やランプのすすをポマードなどで練って描いた。だが当時は冷房がない。汗で片方の眉やひげが流れることもあった。ある観客は化粧の崩れたヒロインを見てこうささやいた。「あきさみよー、今日の真鶴は『馬山川』みたいだ」。

八木によると、しま模様の入った米軍のシーツも衣装の材料として重宝された。「うみんぐゎ（士族のお嬢さま）も百姓の役もすぐこれを使った」。米軍の蚊帳も重宝された。「くるちょう（黒い士族の礼服）に使い、けっこう様になった」。

士族の男性役や二才踊で使うかみさし（かんざし）は五寸くぎにビール瓶のふたを付けた。芝居を見に来た子どもたちにからかわれた。質のいい物だと米軍資材のジュラルミンでかみさし、うしざし、じーふぁーを作った。ジュラルミンは刀の材料にもなった。復興が進むと、米国の硬貨を溶かして銀のかみさしなどを作るようになった。

仲嶺舞踊小道具店を営む役者の仲嶺眞永（八〇）は

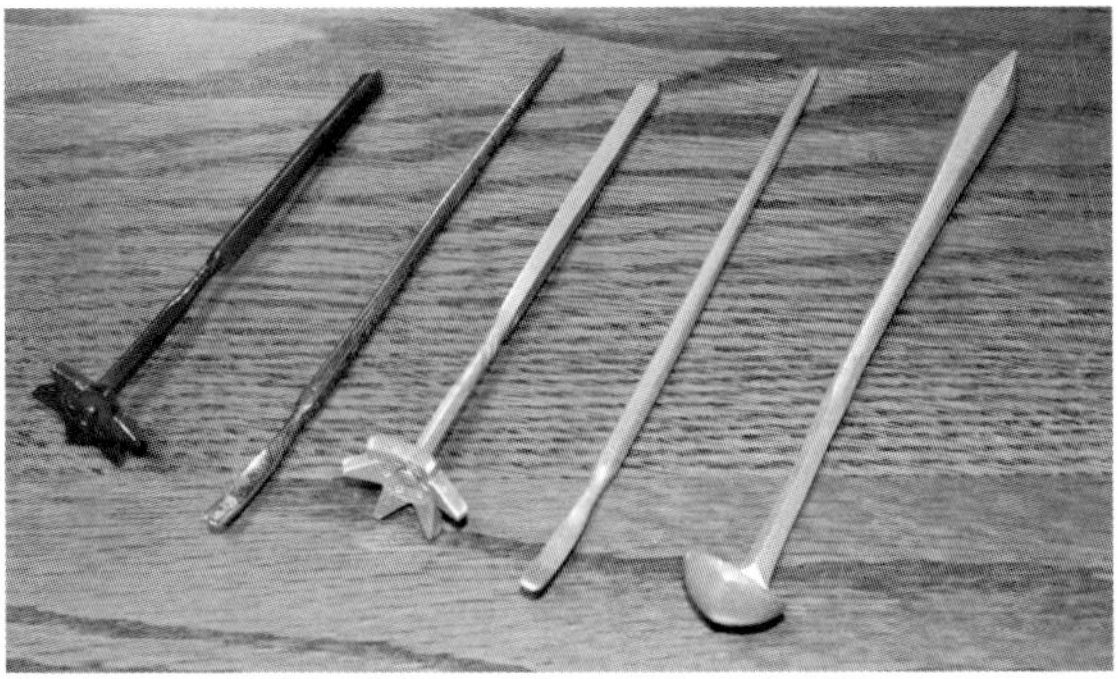
ジュラルミン製のじーふぁー（右端）、うしざし（右から２本目）、かみさし（中央）と銀製のうしざし（左から２本目）、かみさし（八木政男所蔵）

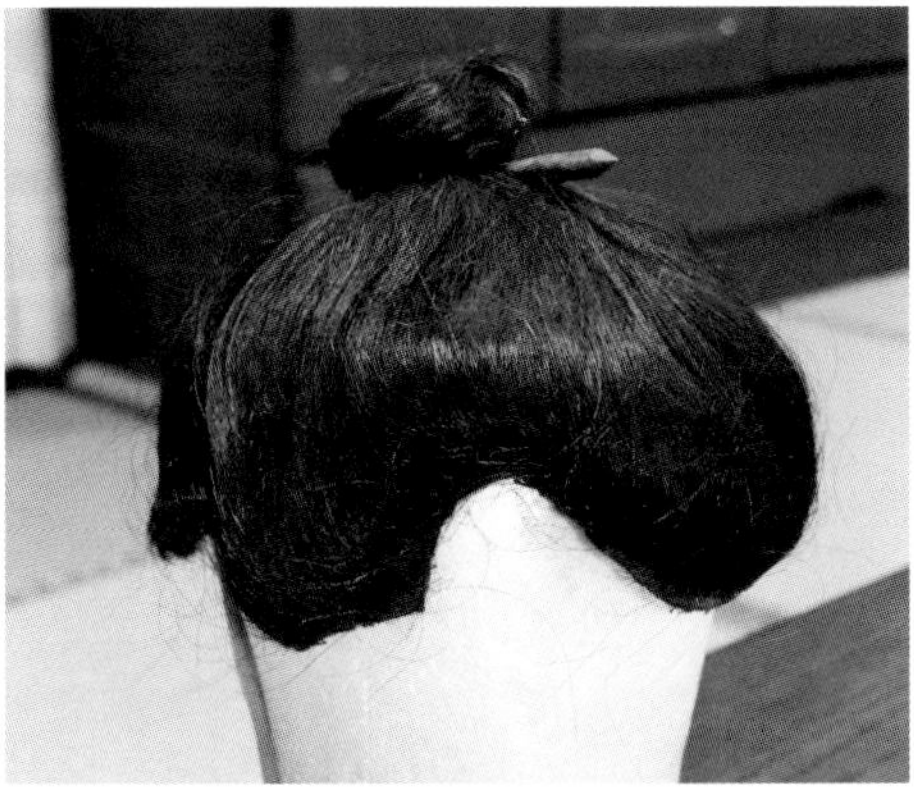
八木政男が戦後間もない時期に作ってもらったかつら

かつらの裏側。型の金属板はトタン

宮城能造、比嘉政光ら先輩役者から小道具作りを学んだ。一九五一年に平安山英太郎が率いる巴座で役者を始めた。仲嶺は「沖縄中を巡業しているから那覇に買いに行くこともできない。自分たちで作らないといけなかった」と話す。「先輩たちが私を一人前にしてくれた。それが今では商売になった」と感謝する。

八木や仲嶺によると、かつらの型は終戦直後、馬ふん紙（わらなどを原料としたボール紙）を用いた。馬ふん紙に針金を入れて形を整え、針金に髪の毛を付けた。折りたたんで懐に入れ、持ち帰ることもできた。八木は大伸座初期に劇団の仲間に作ってもらったトタンのかつらを今も持っている。

戦前は銅板でかつらを作ることもあった。銅板は肌にくっつくところが優れていた。今はアルミ製が主流だが、肌にくっつかず隙間ができてしまうという。アルミ板が簡単に買えない時代は使わなくなった洗面器のアルミを使うこともあった。テレビが普及すると、役者はアップの映像で見られるように。かつらの質も向上し、地肌との境界が分かりにくくなった。

台湾の県人、喜劇で慰問

一九四五年八月十五日、家族と台湾に疎開していた役者の高安六郎（八二）は日本の敗戦を知らせる玉音放送を聞いた。「日本負けた！　ばんざーい、ばんざーい」。六郎は外へ飛び出して走り回った。兄たちが血相を変えて六郎をつかみ、怒鳴りつけた。「家族全員殺したいのか。ばかたれ！」。だが六郎自身は口に出したつもりはなく、無意識の「万歳」だった。

高安家は四四年の十・十空襲前に台湾へ疎開した。台中でも毎日のように空襲があり、田舎に逃げた。そこで六郎はマラリアにかかり、死線をさまよった。劇団「真楽座」の経営者で県議だった父高俊は十・十空襲後、疎開者を視察するため台湾に来た。だが沖縄戦が激しくなったため、家族と台湾に残った。

六郎によると、高安家は戦後、台北で「高安爆笑劇団」を旗揚げした。沖縄に引き揚げるまでの間、うちなーんちゅを慰問した。喜劇が中心だったのは着物やかつらがなく時代劇ができなかったからだ。人々に笑いを取り戻したいという思いもあった。「洋服を着て漫才のようなものをやったが、みんなうちなーぐちを聞くだけで満足だった」。

当時、台湾人が植民地支配の恨みから日本人を襲うこともあった。高俊は「琉球民団の証」という印を押した表札を沖縄県人に掲げさせ、報復を免れた。高安家は四六年夏に米軍のLST（戦車揚陸艦）に乗って沖縄へ引き揚げた。中城湾から上陸し、親類のいた糸満に数年住んだ。

民政府が劇団設立を自由化

一九四七年は、アーニーパイル国際劇場の開場、沖縄俳優協会の設立、民政府による脚本募集（翌年の結果発表で大城立裕が二等となりデビュー）と、芸能文化にとって大きな動きが続いた。この年の四月に松竹、梅三劇団が民営化されたが、他の劇団の設立は認められず、寡占状態が続いていた。川平朝申著『終戦後の沖縄文化行政史』によると、劇場で興行する場合、戦前の法律を踏襲して各警察署の許可が必要だった。警察は民政府の認可証を持たない劇団の興行願を受け付けなかった。

長堂英吉著『鼓太平記　物語・戦後沖縄演劇史』によると、劇団新設を求める声は興行を増やしたい劇場側からも、新鮮さを求める観客側からも起こりはじめた。劇団内部からも独立したい役者が設立の自由化を求めはじめた。民政府が劇団の数を抑えたかったのは戦前、劇団が離合集散を繰り返して自滅した教訓からだという。だが、戦前に真楽座を経営していた重鎮・高安高俊が新たに組織した一座の認可を求めたことで、自由化は避けられない流れとなった。高俊の申請が何年何月のことかは判然としないが、同時期に元真楽座の比嘉良徳や既に資格審査に合格していた金城幸盛らの一座も認可を申請したという。

『終戦後の沖縄文化行政史』によると、松竹梅三劇団は四八年三月、「沖縄の演劇向上を阻害する」として他劇団の認可に反対する血判付きの決議文を出した。川平は高俊らが芸能資格審査に合格すれば堂々と認可できると考え、第三回の資格審査を行った。だが四七年十一月二十八日付うるま新報では、二十七日に高俊らが審査を受けたと報じているので、川平の記録は時系列が誤っているかもしれない。両劇団の役者は審査に合格し、四七〜四八年ごろに旗揚げしたとされる。これを機に劇団が乱立して激しい競争が始まり、人気を保てない劇団は淘汰されていった。

新たに誕生した高俊の一座は「鶴劇団」と名付けられた。一方、金城らの一座は「新生劇団（新生座）」と命名された。新生劇団にいた堀文子（八一）によると、当初は「亀劇団」と名付けられる予定だったという。だが「戦時中、壕の中で（亀のように）泥をかぶって苦しんでいたのに、なんでそんな名前にするのか」と劇団員が反対し、新生劇団になった。

新生劇団の役者は金城、比嘉に加え、伊佐真一、元真楽座の當間美恵蔵らがいた。堀は金城について「あんなに人情のある人は他にいない」と強調する。新生劇団は照屋盛良作「悲劇の学帽」がヒットした。特に主演の女形・當間の美しさは評判になった。

當間は沖縄戦では防衛隊として召集され、糸満で捕虜になった。送られたハワイの収容所でも芝居を上演した。どこからか手に入れた衣装や化粧品で美しい「女性」に変身し、MPが「収容所に女を入れるのは規律

民政府の芸能資格審査を受けた劇団員たち。鶴劇団と新生劇団という＝1947年ごろ（川平家資料　那覇市歴史博物館所蔵）

違反だ」と血相を変えて飛び込んできたこともあったという。新生劇団の後は舞踊を指導するかたわら、沖縄戦を題材にした「千人針」「帰らぬ我が子」などの劇も創作した。地域の住民と共に上演し、戦争体験の継承を図った。

絶望から芝居で再生

一九四六年に台湾から引き揚げた後、糸満に住んでいた高安六郎はある日、那覇に行く機会があった。「めちゃくちゃになった」と聞いていた古里を見るのが怖かった。焼け野原になった那覇に戦前の面影はなかった。「他人のしまに来たような気がした。声を出さずに泣いた」。

戦は多くの人を奪った。「八郎」という童名の友達は対馬丸に乗り、二度と会うことはなかった。漢那という姓だったが、本名を覚えていないため、生死も分からない。父高俊が経営していた真楽座の役者も数人、沖縄戦で命を落としたと聞いた。照喜名ニオウという役者は悪役専門で踊りも達者。トミムラという役者はどこを切られても腹を押さえる演技をした。六郎ら子どもたちは面白がってまねをした。「脇役だが重要な人たちだった」。

戦後間もなく、六郎は肺の病気にかかった。病室で寝ているとき、向こうで医者が高俊に「この子は一九歳までもたない」と告げているのが聞こえた。「岩がずしんと頭上に落ちるように死の恐怖を感じた」

絶望のどん底から六郎を救ったのは芝居だった。高俊は四七～四八年ごろに鶴劇団を旗揚げ。手始めに中北部を慰問した。六郎も弟の勝男と踊りを披露した。だが、親の敵を討つ内容の「高平良万歳」やなぎなたなどの武器を使う踊りは米軍に禁じられていた。ある日、上演中に雨が降りはじめたが、観客はぬれながら夢中になって舞台に見入った。六郎は胸を打たれた。「これで喜んでくれるなら、と芝居に突っ走った。みんなを喜ばせるんだと決意した。これが今日まで僕を引っ張っている。芝居がなかったら死んでいた」。

健康を取り戻した六郎は五二年、無事に一九歳を迎えたが、その年に高俊がこの世を去った。鶴劇団と新生座（新生劇団）などが合併し、戦前と同じ真楽座の

自らの半生と演劇史を描いた一人芝居「清ら肝」を演じる高安六郎＝2006年5月3日、那覇市の琉球新報ホール

名前で再出発しようとしていた矢先のことだった。高俊の出棺を済ませたその夜、六郎ときょうだいらは旗揚げ公演を行った。

劇団が乱立していた当時、公演場所や日程、演目が重ならないよう調整する座長会議が開かれていた。だが乙姫劇団は猛者ぞろいの座長たちを怖がったのか、参加しなかったという。そのため、知らずに乙姫の近くで興行を打ち、観客をほとんど取られた劇団もあった。会議で年少の六郎は先輩たちに使い走りをさせられた。「すぐに追い抜いてみせる」と不満を抑えた。

テレビが普及すると芝居は衰退したが、逆に六郎はテレビによって人気が出た面もあった。一九六〇年代後半に主役を演じた琉球放送の「くずれ格子」が一世を風靡《ふうび》したのだ。その後、三十年以上役者業から遠ざかるが、一人芝居「清《ちゅ》ら肝《ぢむ》」（二〇〇六年）などで往年のファンをうならせたこともあった。「文化の先端を行くのが演劇だ。時代に反応しないといけない」と若手にも基本を押さえつつ独自性のある舞台を期待していた。六郎は「芝居士」を自称した。うちなーぐちで役者を指す「しばいしー」という言葉が多少ネガティブな意味を持つときもあることから、「～士」という専門職の意味に変え、役者の地位を高めようとした六郎の造語である。短い活動期間ながら、強い存在感を示した「芝居士」は二〇一八年、この世を去った。

「ペルリ日記」米兵に評判

黒船でペルリ提督と琉球の通事（通訳）牧志朝忠が

平良良勝

語り合う。ペルリを演じているのは真境名由康、牧志は平良良勝。一九三〇年に大正劇場で上演された「ペルリ日記」（山里永吉作）の一場面だ。良勝は猛勉強して英語のせりふをしゃべり、観客を驚かせた。終戦直後、この写真が良勝の評価を高めることになる。

良勝は「護佐丸と阿摩和利」の護佐丸役が有名だ。沖縄劇場協会編『芝居と映画』創刊号（一九四九年）で良勝は若き日の経験を記しているが、後の護佐丸や牧志に通じる役づくりへの情熱が伝わってくる。

一九一九年の辻の大火で芝居ができなくなった良勝は、台湾で親戚が経営する干物会社を任された。だが二〇年十一月、沖縄の伊良波尹吉から電報が届く。「チウシンクラカンペイマニアワセテコイ」。大みそかの「仮名手本忠臣蔵」で早野勘平を演じてほしいという依頼だった。「役者稼業はもう一生やるまい」と決めていたが、気が付いたら沖縄行きの船に飛び乗っていた。

勘平を初めて演じたのは一四年末の中座。「寝ても勘平、起きても勘平、しまいには逃げようとしても勘平がつかまえて放してくれない」というほど役に没頭した。役者、スタッフを含め総勢九十三人の大舞台。紙の雪が「舞台いっぱい四、五寸も積もった」。出番を終えると一気に疲れが出て、

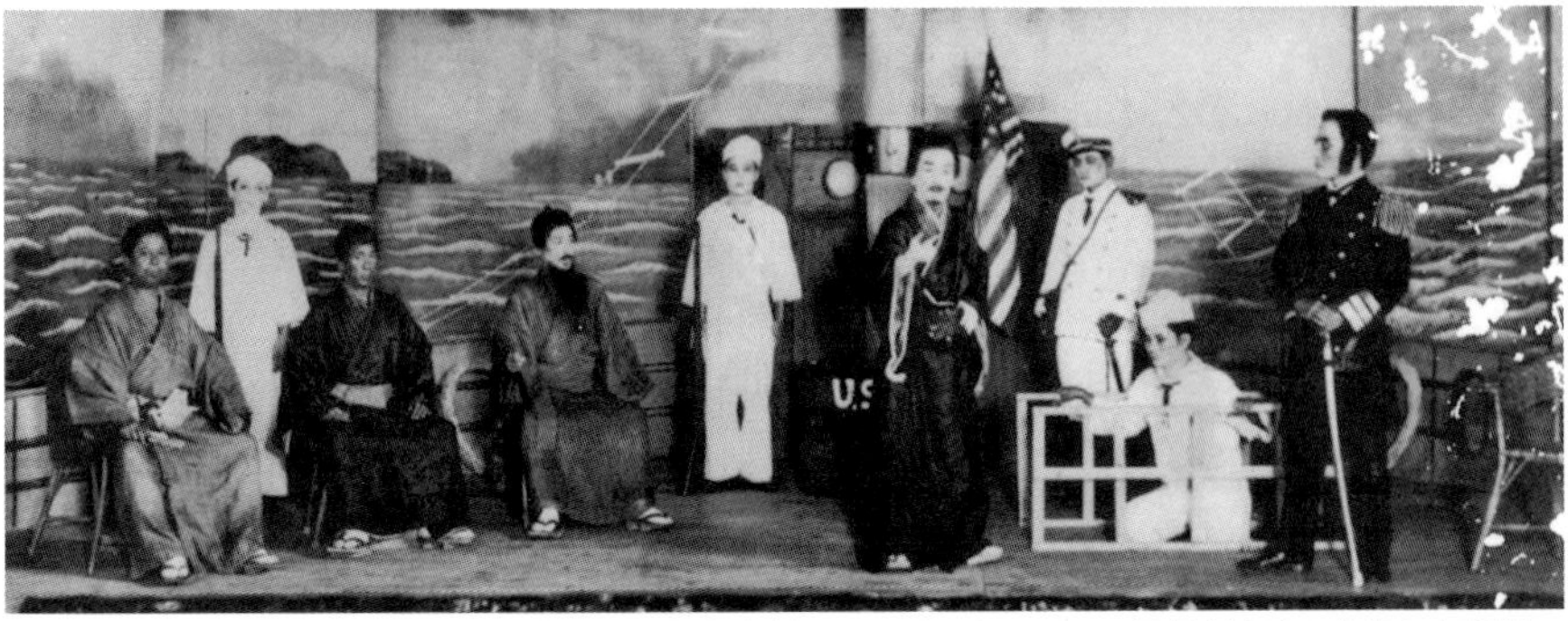

戦前に「ペルリ日記」で牧志朝忠を演じる平良良勝（右から４人目）とペルリ提督を演じる真境名由康（右端）ら＝1930年、大正劇場（平良敏提供）

衣装のまま、どんちょうの陰で朝まで眠った。

その後は珊瑚座などで活躍。四四年二月から大政翼賛会の命令で戦意高揚を図る「移動隊つばさ」で巡業した。空襲を警戒した良勝は現南風原町津嘉山の借家に衣装などを保管し、同年の十・十空襲による焼失を免れた。平良家は那覇市の自宅前の防空壕で空襲をしのぎ、牧志の墓で一晩過ごした後、津嘉山へ逃げた。

四五年二～三月ごろには軍のトラックと徒歩で現名護市嘉陽へ疎開した。昼は山小屋に隠れ、夜は集落の民家で過ごした。次男敏（八〇）は「水草やソテツを食べ、畑の芋の残りをイノシシと取り合った。終戦が遅ければ栄養失調で死んでいた」と振り返る。

南から艦砲射撃の音が聞こえていた。米軍は嘉陽の民家に缶詰を置き、住民の警戒を解こうとした。そのうち、山を下りなければ艦砲射撃すると通告してきた。住民らは下山し、嘉陽から同市瀬嵩の収容所へ。「道の両脇で米兵が銃を構えていた。怖かった」と敏は語る。

しばらくすると、日系二世のエドワード・ドイケという米兵が良勝と親泊興照を訪ねてきた。軍と住民を慰問する芸能人を探していたのだ。四五年秋に現うるま市石川に移った良勝は米兵たちに「ペルリ日記」の写真を見せた。舞台には星条旗。ペルリ提督役を相手に良勝が堂々と演じている。米兵たちは驚き、「平良良勝は偉い芸術家だ」と評判になった。写真は引き伸ばされて米軍幹部の部屋に飾られ、良勝の待遇は良くなったという。

フィルム　戦火逃れる

平良良勝が生涯を通してほれ込んだ役がサイレント映画「護佐丸誠忠録」の護佐丸だ。一九三四～三五年ごろ、良勝が自ら製作した。映画単独としてだけでなく、連鎖劇（映画と舞台を組み合わせた劇）でも上映された（世良利和著『沖縄劇映画大全』、二〇〇八年）。沖縄のほか、ペルー、ハワイ、サイパンでも上映したとされる。おかげで、ペルーに渡った兄の良仁が持っていたフィルムが沖縄戦による焼失を逃れた。

本作は良勝（護佐丸）、真境名由康（阿麻和利）、我如古弥栄（尚泰久）、親泊興照（尚泰久の王妃）、島袋

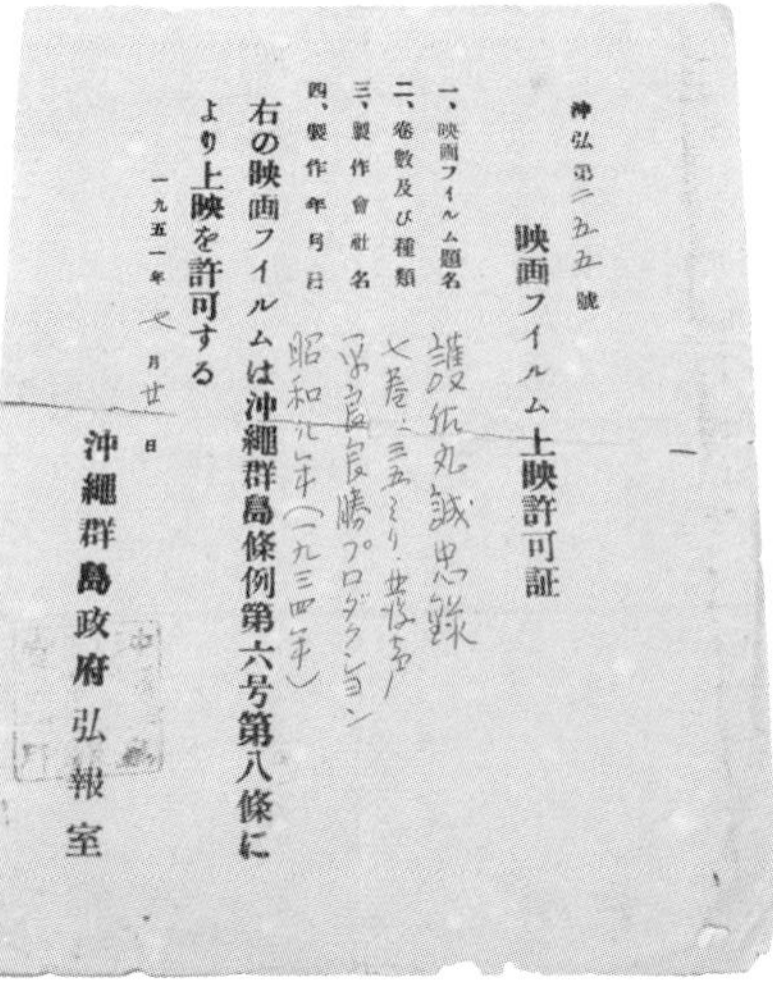
神弘第二五五號

映画フィルム上映許可証

一、映画フィルム題名　護佐丸誠忠録
二、巻数及び種類　七巻
三、製作會社名　（平良良勝プロダクション）
四、製作年月日　昭和九年（一九三四年）

右の映画フィルムは沖縄群島條例第六号第八條により上映を許可する

一九五一年七月廿日

沖縄群島政府弘報室

沖縄群島政府が出した「護佐丸誠忠録」の上映許可証

「護佐丸誠忠録」のフィルムを保管している平良敏＝2016年

光裕（屋慶名大親）ら珊瑚座の名優の演技が記録された貴重な映画だ。良勝は特に熱気が伝わる。日活で脚本を書いていた石川文一が監督と脚色を担当した。

世良によると、本作は一九三五年の内務省による検閲で尚泰久を批判する場面などが「公安」を理由に切除されている。世良は「国体、権威を揺るがすという観点から切除されたのではないか」と指摘する。

原作は一九三一年に沖縄朝日新聞に掲載された上間正敏（上間朝久）の戯曲「阿麻和利」だ。良勝は連載中から「護佐丸役は私しかいない」と思い、役作りをしていたという。映画化に先立ち、芝居として上演された。「護佐丸は平良良勝」と配役が発表されると、気絶しそうになるほど感動したという。

その公演中、刀を抜いた勢いでかつらが飛んだことがあった。だが妻役の我如古は少しもたじろがず、良勝の頭に両手で恭しくかつらをかぶせた。観客もこれほどの大失敗を少しも笑わなかった。それだけ舞台に緊張感が生まれていたのだ（沖縄劇場協会編『芝居と映画』八月号、一九四九年）。

四六年に良勝は官営（後に民営化）の竹劇団の団長

に任命され、芝居で住民を元気づけた。「護佐丸誠忠録」のフィルムもペルーから沖縄に里帰りし、五一年に戦後初の連鎖劇としてリバイバル上映された。戦後の連鎖劇ブームを生むきっかけの一つとなる。さらに良勝は県内各地を巡回上映した。手伝っていた次男敏は「父は弁士をしながら太鼓も打った。一人で何役も演じ分けてすごかった」と振り返る。戦争で失われた懐かしい風景が映し出されると、観客は「おぉっ」と歓声を上げた。

　映画に限らず、良勝は先進的な姿勢を持っていた。敏によると、若いころは歌舞伎役者に憧れ、県外に出たこともある。旅の一座に加わったが、「歌舞伎役者は世襲だからなれない」と言われ、沖縄に帰った。だが県外生活で身に付けた達者な標準語は現代劇に生かされた。五〇年代後半からはラジオの琉球放送で史劇を放送し、「琉球講談」という分野を開拓した。

　戦後は石川市議も務めたが、根は役者だった。稽古に来ないため、劇作家の山里永吉が議場に呼びに来たこともあったという。敏は振り返る。「父は後輩に『役になりきれ。役になりきれば、今度は役がお前をつかまえて放さない』と教えていた。父も護佐丸につかまっていたし、観客もつかまっていた。二十四時間役者だった」。

終戦直後、石川に劇場

戦後、石川市（現うるま市石川）には「石川劇場」と呼ばれた劇場が少なくとも三つできた。三つの石川劇場を通して、芸能復興の歴史が垣間見える。

　石川の銀座通りの突き当たりに「世栄津《ゆーえーつー》の森」がある。森の南西側は「前《めー》ぬ世栄津」、北東側は「後《くし》ぬ世栄津」と呼ばれた。最初にできたとされる「石川劇場」は「後ぬ世栄津」の北にあった。この劇場は単に「野外劇場」とも呼ばれた。運営者が「石川劇場」という名称を掲げていたわけではなく、石川にあったから通称「石川劇場」と呼ばれていた可能性もある。

　役者の北村三郎（七八）によると、世栄津の石川劇場は一九四六〜四七年ごろにはあったという。四六年十一月一日付のうるま新報は九月二十八日に石川市野外劇場で市制一周年記念祝賀会が催されたと報じてい

石川にあった新興劇場＝1946年ごろ（うるま市立石川歴史民俗資料館所蔵）

る。そこが世栄津の石川劇場である可能性もある。後に「前ぬ世栄津」の南東に「新興劇場」もできた。

北村は両劇場でヌギバイ（無賃入場）をしていた子どもたちの一人だ。北村は北谷村（現北谷町）上勢頭の出身。芸名の北村は北谷から、三郎は童名から取った。四四年の十・十空襲では自宅から米軍機が読谷の飛行場を爆撃するのが見えた。最初は演習かと思っ

周辺に野外劇場（石川劇場）があった世栄津の森＝うるま市石川

た。だが、実戦だと気付き、自宅の防空壕に逃げた。「爆弾が落ちると地響きがして防空壕内の土が落ちてきた。『これは大変だ』とムラ（集落）で作った防空壕に逃げた」。

四五年三月に家族で恩納村、金武村（現金武町）にまたがる喜瀬武原の親戚宅に避難した。だが大人たちが「どうせ死ぬなら自分の家で死にたい」と考え、北谷へ向かう。四月初めに石川で米軍に止められ、収容された。

北村らによると、世栄津の両劇場は舞台には屋根があったが、客席は露天だった。森の斜面を客席にして千人以上が芝居を楽しんだといわれる。舞台と客席の間には道があった。普段は通れるが、芝居が始まると封鎖され、道の入り口が劇場入り口になった。

北村三郎

客席になった森の後ろは入れないよう金網で区切られていた。だが北村は金網の下の土を掘って、子どもがぎりぎり通れるようにした。「（金網の下を通り）走ってトイレに隠れ、時間を見計らって出てきた」。

両劇場とも発電機を使って舞台を明るくしていた。昼は電気がないのでスピーカーが使えない。午後四時ごろから森の頂上で太鼓を打ち、芝居が来たことを知らせた。「夕方は市民が劇場に押し掛け、一つの森を覆い隠すほどのにぎわいだった」。たまに巡回映画も来た。客席の真ん中にテントで囲った映写室が設けられた。北村は「世栄津で芝居を夢中になって見ながら、いつか自分もやってみたいと憧れた」と振り返る。

宮平親子が劇場経営か

「後《くし》ぬ世栄津《ゆーえーつー》」周辺にあった「石川劇場」（野外劇場）は誰が経営していたのか定かではない。一方、「前《めー》ぬ世栄津」周辺にあった新興劇場は元乙姫劇団の池原シズ（玉城流冠千会家元）の夫長昌らが自宅を兼ねて造った。

新興劇場も建設された時期ははっきりしない。一九四九年十二月十日付うるま新報には新興劇場開館の広告が載っている。新興劇場は露天の客席で始まり、後に屋内に客席のある劇場に改築された。住民らによると露天時代は四六〜四七年ごろまでさかのぼるため、広告は改築時のものと思われる。五二年までに石川沖映館になった。

役者の北村三郎は竹劇団の地謡をしていた宮平政英と息子雅夫が世栄津の石川劇場を経営し、その後集落内に移転したと記憶している。これに対しては別の見方もある。しかし、五一年元旦のうるま新報には「石川市七区　石川劇場　宮平政英　宮平雅夫」という広告が出ている。七区は後ぬ世栄津から宮森小学校までの地域を指す。最初に世栄津の石川劇場を造ったのは別人かもしれないが、最終的に宮平親子が経営していた可能性はある。

同年四月六日付うるま新報には「新築石川劇場蓋開大興行」の広告が載っており、このときに集落内に移転したかもしれない。出演したのは沖縄座。疎開から帰ってきた真境名由康が座長となり、複数の劇団が合同してできた一座だ。

一方、平良良勝の息子敏は世栄津の石川劇場で良勝の主演映画「護佐丸誠忠録」を見たという。「護佐丸誠忠録」の戦後初上映は五一年七月二十一日の那覇劇場なので、石川での上映はそれ以降だ。同年四月に集落内に劇場を新築したとすれば、その後も場合によって世栄津の劇場を使うことがあったのだろうか。

宮平親子が集落内で経営していた「石川劇場」は、沖縄映画史研究者の世良利和の調査によって三区四班にあったことが分かっている。これが二つ目の石川劇場だ。当時を知る役者の八木政男らによると三区の石川劇場はトタン屋根だ。一方、長堂英吉著『鼓太平記物語・戦後沖縄演劇史』には、雅夫が四七年に経営していた露天劇場で仲田幸子がよくヌギバイ（無賃入場）をしたと記されている。トタン屋根だった三区の劇場以前に宮平親子が劇場を経営していたことを裏付ける。

八木は「政英は歌劇の地謡がうまかった。どんな役者の歌にも三線の音を合わせた」と振り返る。政英が野村流の大家・幸地亀千代や屋嘉宗勝と共演するときもあったという。高音が得意な幸地は二揚調子の曲、屋嘉は「仲村渠節」などを歌い、政英は役者の伴奏をしてそれぞれ得意芸を発揮した。

政英、空手でも名高く

宮平政英は空手家としても知られ、「てぃーじくん（拳）武士」と呼ばれた。仲村良雄著『首里少林流空手道』（二〇〇一年）によると、戦前は昼に那覇食肉組合の食肉解体場の番を、夜は芝居の地謡をした。地謡としても腕利きで、上演中に三線の弦が切れても終演まで弾き続けたという。

政英の弟子の空手家には比嘉佑直がいる。比嘉が若いころ、政英に勝負を挑んだ。政英は牛の太ももを拳で突き、一発で倒してみせた（石川文一著『琉球の空手物語』、一九七九年）。

宮平政英

宮平雅夫

空手界には「能羽にすぐりてん　たかぶるな朝夕　謹みの一字　肝に抱ちよて」という琉歌が政英の教えとして残っている。実はほぼ同じ教えが真境名由康の創設した琉舞の真境名本流にも受け継がれている。雅夫の息子一夫（七〇）は母初子（九三）から、政英が真境名の地謡をしていたと聞いた。どちらが最初に詠んだかは分からないが、分野を超えて同じ教えが生き続けているのだ。

芸能の夢追った雅夫

宮平政英、雅夫親子は那覇市出身。雅夫は県立第二中学卒業後、海軍に入った。一九四六年末に沖縄に引き揚げ、両親がいた石川に住んだ。三区で経営していた石川劇場では芝居も上演したが、雅夫は奄美大島で映写機を入手し映画興行も始めた。

五三年元旦の琉球新報では琉球映画貿易系列映画館の広告に「石川劇場」、オリオン興行系列の広告に「石川オリオン座」という館名があり、雅夫は両方の館主になっている。同じ館が広告によって二つの名前を使い分けたと思われる。

映画館を経営したのはほんの数年だが、当初は観客が殺到したという。一夫は従業員が毎朝、段ボール数箱分のお札を銀行に運んでいたのを覚えている。だが五四年ごろに宮平家は那覇に帰った。後に一夫は雅夫から「あちこちに映画館ができて経営が下火になった」と聞いた。

宮平家が五四年ごろに石川から那覇に帰った後、石川劇場（石川オリオン座）の経営者は変遷した。同年以降は石川劇場ではなく石川オリオン座とだけ呼ばれた。台風で壊れ、場所も国道三二九号沿いに移った。沖縄映画史研究者の世良利和の調査によると、移転は五七年末と思われる。

那覇に帰った後も雅夫は芸能に情熱を注いだ。宮平プロダクションを立ち上げ、五七年に映画「新説・運玉義留　前編　地の巻」を監督した。これを戦前の作品とする本もあるが、誤りだ。出演したのは専属劇団シネマ座。当時の琉球新報で雅夫は「演劇界の革新を狙う」と意気込んでいる。一夫によると、この映画と芝居で一年ほど巡業した。だが観客は入らず生活は困窮した。

当時、一夫は野球の選手に選ばれたが、ユニホームを買うお金がなかった。すると母初子は押し入れから石川劇場時代のスクリーンを取り出し、夜なべしてユニホームを仕立てた。ほかの選手は真っ白なユニホー

映画「新説・運玉義留　前編　地の巻」の一場面。左が運玉義留（牧秀夫＝真喜屋実秀）で右が油喰小僧（泊由木夫＝親泊行雄）（高宮城実人提供）

ムだが、一夫だけ黄色っぽかった。「ユニホームがなくて試合に出られないと諦めていたから、晴れがましかった」。父の夢と母の愛が詰まったユニホームは今も大事に持っている。

初子は戦前から織物を学び、終戦直後も落下傘から糸を取り出して織物を続けた。九八年に首里織の人間国宝になり、一夫も首里織の仕事を継いでいる。

ロケ地に戦の記憶

宮平雅夫が監督した映画「新説・運玉義留　前編地の巻」（一九五七年）の出演者の中で堀文子（八一）が健在だ。堀がたまたま現南風原町の山川橋を通り掛かるとロケをしていた。その中に役者の牧秀夫ら知人がおり、急きょ出演させられた。「『はい、この衣装つけて、あっちから走っておいで』って。何が何だか分からない」。演じたのは運玉義留を追う役人のお供。堀は撮影しながら、戦時中、島尻方面を目指して山川橋付近を必死で逃げたことを思い出した。橋は日本軍が破壊していたという。「真っ暗な中を照明弾が光ると隠れて、（暗くなると）また走って、艦砲の（砲撃でできた）穴に落ちたりして。怖かった」。

堀の母は料理人。県や軍の御用達だった宴会場で働いていたという。

堀文子

沖縄戦中、堀の家族は県や警察の職員らと識名台地の壕に隠れ、母は島田叡知事の食事を作った。一九四五年五月末、県職員らと共に現八重瀬町志多伯にあった軍の壕に移ったが、そこで県職員らと別れてさらに南部へ逃げた。その際、軍から自決用の手りゅう弾を渡されたが、祖母が「命は神様から授かったものだ。自ら死んではいけない」と怒り、手りゅう弾を捨てた。
だが現糸満市真栄里に避難していた六月二十三日、祖母が米兵に撃たれて死んだ。弾は祖母の首、母の右手を貫き、弟の首をかすった。米兵は祖母を日本兵と間違ったようだった。母と弟の命は助かったが、母は戦後、一度も戦争の話をしなかった。

堀は小学四年生だった一九四七年、新生劇団（新生座）に子役として入り、各地を巡業した。当時、雑誌に載っていた昭和天皇の皇后に似ていたため、「皇后陛下」とあだ名を付けられた。だが天皇に複雑な感情を抱いていた堀は独りトイレで泣いた。「その時代の人でないと理解できないだろうけど、それだけ戦争で恐ろしい思いをした」。

堀は中学入学に伴い新生劇団を退団した。高校卒業後、女優だけの劇団として結成された「紅型座《べにがたざ》」に入った。顧問の比嘉正義らに師事し、芸を磨いた。二年で紅型座を退団した後は翁長座などに参加。一九七二年ごろに女優を引退し、演技・舞踊指導や演出が主となる。お世話になった先輩たちへの感謝の思いは強く、二〇一二年に「沖縄芝居先達顕彰碑」が建立された際は事業期成会副会長として尽力した。

三つ目の石川劇場

「石川劇場」と呼ばれたもう一つの劇場は当初、「みよし劇場（三善座）」の名で銀座通りに誕生した。館名は石川久善ら名前に「善」の字がある男性三人で経営したことに由来する。その後、地主の石川久子が買い取り、映画興行も始めた。世良によると、みよし劇場は五三年末から存在が確認できる。五七年初めに石川劇場に改称したと思われる。

この劇場では五八年に川端康成が乙姫劇団を見に来

銀座通りの石川劇場を経営していた石川正一（右）と弟正雄。劇場は現在、歯科医院になっている＝2016年、うるま市石川

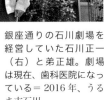

たことがある。久子の息子正雄（七五）も川端のサインをもらった。五九年に正雄の兄の正一（八〇）が東京から帰郷すると経営を任され、石川国映館になった。

戦時中、久子と子どもらは石川岳と現今帰仁村呉我山に分かれて避難した。防衛隊だった父正亀は四五年六月二十二日、現糸満市喜屋武で戦死。戦後、同じ隊にいた人と亡くなった場所を訪ねると、父の印鑑と遺骨を見つけた。「父親のいる子がうらやましかった。でも母が頑張って、食べる物には不自由しなかった。男勝りな人だった」。笑いながら振り返る正雄の目が潤んでいた。

幻の名女優　我如古安子

終戦直後に民衆を慰問した芸能家たちの写真を見ると、ひときわ華やかで美しい女優が写っている。女優の名は我如古安子。名作歌劇「泊阿嘉」の作者・我如古弥栄の娘だ。安子を知る者は「とても芝居上手だった」「いい声で聞ち事《ちぐとぅ》（聞き応えがある）だった」と口をそろえる。芸能界の〝サラブレッド〟で技芸も優れていたが、戦後すぐハワイに渡ったため、今では忘れられている幻の名女優だ。

『沖縄芸能マガジン』一九六二年七月号によると、安子は一九二一年、那覇市西新町で弥栄と妻ゴゼイの長女として生まれた。一方、ハワイの現地紙には首里当蔵町で二〇年に生まれたとする記事もある。安子は五歳ごろから子役として舞台に立ち始めた。

安子は浜元澄子、与座ツルらに続く、沖縄芸能界における女優の草分けとされている。従来、沖縄芝居は女形によって演じられてきた。だが若い役者が徴兵されたこともあり、女優を育てる必要性が出たという。

新聞紙上で名前が見られるようになるのは四〇年。南洋から帰郷した伊良波尹吉が大正劇場で「首里城明け渡し」や「那覇四町昔気質」（ともに山里永吉作）を上演し、話題を呼んでいた頃だ。同年七月八日付琉球新報によると、「那覇四町昔気質」に安子（遊女ちる役）が弥栄（池城親方役）と共に出演している。

同年、我如古親子は真境名由康が率いる劇団「珊瑚座」に加入した。当時の新聞広告によると、加入後初の出演作は「俺は召集だ」（片瀬由郎作）という時局

1940年12月6日付琉球新報に載った珊瑚座の劇「俺は召集だ」の広告。「新加入　我如古弥栄優　我如古安子嬢…」と記されている。隣は珊瑚座のライバルだった真楽座の広告で、先輩女優の浜元澄子が出演している

社会劇、いわゆる軍事劇だったようだ。片瀬由郎は真境名のペンネーム。安子は名優・平安山英太郎と夫婦を演じている。

当時、役者は小学校を出ていないことも珍しくなかったが、安子は家政女学校を卒業した「インテリ女優」として旋風を巻き起こした。往年の役者は軍事劇で用いるやまとぐちに苦戦することもあったが、安子は先輩たちに劣らない演技を見せたという。

沖縄戦を生き延びた安子は、米軍政府によって他の役者らと共に石川市（現うるま市石川）に集められ、県民や米軍の慰問公演をした。沖縄民政府が創設した松竹梅三劇団のうち、安子は竹や梅にいたという証言がある。竹劇団の団長だった平良良勝の次男・敏は「安子さんは大変芝居上手で、先輩方が取り合いしていた」と語る。役者らを集めて世話をしていたのがエドワード・ドイケという日系二世の米兵だ。安子とエドワードは一緒に行動するうちに恋に落ちた。安子はエドワードと結婚して長男を生んだ後、母ゴゼイの猛反対を押し切ってハワイへ渡った。

一時期梅劇団にいた瀬名波孝子によると、梅劇団が

「加那よー天川」を踊る我如古安子（左）と親泊興照。地謡は左から仲嶺盛竹、宮平政英（安子の後ろに隠れている）、幸地亀千代＝1945～46年ごろ、石川市の東恩納博物館（平良敏提供）

石川市の世栄津の森にあった石川劇場で公演した際、安子と平安山が現代劇「九年母木《くぬぶんぎー》」を演じた。安子は瀬名波に「私はハワイに行くから、これからはあなたがこの役をやるのよ。見ておきなさい」と声を掛けた。その言葉通り、安子が去った後は瀬名波が平安山の相手役を務めた。瀬名波もまた「安子さんはとてもきれいな人だった」と語る。

ハワイから沖縄復興を支援

ハワイに移住した当初、安子は活発な芸能活動を展開した。比嘉武信編著『ハワイ琉球芸能誌』（一九七八年）や比嘉編著『新聞にみるハワイの沖縄人九〇年―戦後編―』（一九九四年）、安子の家族から敏に届いた現地の新聞記事から、足跡をたどってみよう。

安子がハワイに渡ったのが一九四八年末。四九年二月に安子らが中心となり「沖縄芸能奨励会」が組織された。同会は四九年五月に沖縄救済が目的とみられる「募金演芸会」を催し、「奥山の牡丹」などを上演した。その劇評とみられる記事を敏が保管しており「期待に背かず琉球演劇愛好家を喜ばせた」と報じられている。

安子は同月旗揚げされた、安次嶺松吉率いる新生劇団（沖縄の新生劇団とは別団体）にも参加した。旗揚げ当初から安子が座長だったとする記事もあるが、少なくとも五二年には座長になっている。同劇団は「ホノルル唯一の代表的琉球劇団」として活躍した。戦後相次いで開かれた沖縄救済募金演芸会に出演し、ハワイ芸能界の発展と故郷の支援に尽力したという。五一年に乙姫劇団の団員としてハワイを訪れた仲宗根シズ子も、米軍人と結婚して再びハワイに渡り、五二年には新生劇団に加入した。

安子の父・弥栄は四三年に他界していたため、沖縄に残された母・ゴゼイは那覇で一人暮らしをしていた。母が気になったのか、安子は五二年六月から五年間の予定で帰郷したと報じられている。五五年には大伸座の「玉川王子」（平良良勝作）に出演し、大宜見小太郎演じる玉川王子の妻役を務めた。また、六〇年には琉球放送ラジオで良勝と安子が演じる琉球講談「吉屋物語」（音曲は喜友名朝仁）が放送された。その頃にも一時帰郷していたとみられる。ゴゼイも最終的には安子と共にハワイに移住した。

だが、それら以外にはハワイでも沖縄でも活動の跡は確認できなかった。後に敏は、沖縄を訪れた安子の夫エドワードと娘アイリンから、安子が糖尿病を患い七三歳で亡くなったと聞いた。安子は三人の子どもに恵まれたが、長男はベトナム戦争で徴兵され戦死した。安子の芸能活動が六〇年より後は確認できないことについて、敏は「息子が亡くなり芝居への意欲も消えてしまったのかもしれない。あるいは病気になり続けられなかったのかもしれない」と想像する。だが、エドワードが沖縄を訪れた際、ふと「安子はハワイに来て幸せだったと思う」と語ったという。実現はしなかったものの、日本の映画関係者が安子の生涯を題材に映画を制作しようと検討したこともあったという。その波乱の人生は、まさにうちなーんちゅの戦中戦後を象徴する一つのドラマだ。

戦後を刻んだ音色

収容所で生まれた戦後初の民謡

「恨《うら》みしゃや沖縄《うちなー》　戦場《いくさば》にさらち　世間《しきん》御《う》万人《まんちゅ》ぬ袖《すでぃ》ゆぬらち　浮世《うちゆ》無情なむん（恨めしや沖縄　戦場と晒され　全県民の　袖を濡らす　浮世は無情なもの）」。現金武町屋嘉にあった屋嘉収容所で捕虜たちが作ったという「ＰＷ無情」の一節だ。戦争のむなしさや捕虜生活の哀れさ、離れて暮らす愛しい人への思いが込められている。「ＰＷ」は「Prisoner of War（捕虜）」の略。米軍から捕虜たちに支給された服に「ＰＷ」と大書されていた。

同様に屋嘉収容所で生まれたとされ、歌詞が酷似している民謡が「屋嘉節」だ。「屋嘉節」は「なちかしや沖縄」で始まるなどの特徴がある。捕虜収容所で生まれた民謡、そして戦後最初に生まれたであろう民謡として、どちらも広く知られているが、謎も残っている。

作詞家・プロデューサーの「ビセカツ」こと備瀬善勝が書いた「戦後オキナワ音楽史一九四五―一九九八」（藤田正編『ウチナーのうた　名曲一〇一選＆ＣＤガイド』に収録）によると、「ＰＷ無情」と「屋嘉節」の作詞者は当時収容所にいた金城守堅だという。金城は生前、「屋嘉節」は自分一人で最初に書いた歌詞で、「ＰＷ無情」は沖縄県人捕虜たちの隊長だった山田有昂や相談役だった新城長保が補作した、と備瀬に説明した。

山田が一九八九年十二月十二日付琉球新報に投稿した文章によると、山田は若い頃、玉城盛重に琉舞や組踊を師事していた。新城については「琉球音楽を研究し、三味線は師匠格」だったと記している。

現在、「屋嘉節」は山内盛彬が戦前作曲したとされる通称「山内節」（「やまち節」とも呼ばれる）に、「PW無情」は「無情の唄」（普久原朝喜作）に乗せて歌われることが多い。だが備瀬によると、収容所で生まれた頃は「屋嘉節」の歌詞を「無情の唄」に乗せて歌ったり、「PW無情」の歌詞を「山内節」で歌ったりすることもあったという。

金城守堅

そのため、「PW無情」と「屋嘉節」はしばしば混同または同一視されてきた。金城が「屋嘉節」の作詞者だと報じた七八年六月二十九日付の琉球新報では、山田と新城が補作したのは「PW無情」ではなく「屋嘉節」の歌詞だとされている。記事中で山田が補作した理由を「金城さんは専門的な方言はあまり詳しくなかった」と語っている点も、金城が最初に一人で作った歌詞が「屋嘉節」の歌詞だという主張と食い違うように思える。山田は八九年の投稿で収容所時代のメモから、金城らと共作した歌詞を紹介した。それは現在「PW無情」として歌われている歌詞だが、山田は「PW無情」と「屋嘉節」を同じ歌として捉えている。

一方、「屋嘉節」についても同じく屋嘉収容所の捕虜だった渡名喜庸仁らも作詞者だと名乗り出たが（一九八九年十二月一日付琉球新報）、金城らの歌詞とは少し異なるという（九九年九月十六日付同紙）。また、元捕虜の栄口朝行も「屋嘉節」を作詞した経緯などを書き残している。栄口の歌詞は十番まであるのが金城との大きな違いだ。九、十番では収容所から解放されて家族と再会する喜びが歌われている。いずれにせよ、これらが当時の捕虜たちの思いを現代に伝えてくれる大切な歌であることは間違いない。

石川収容所にいた照屋林助は『ウチナーのうた　名曲一〇一選&CDガイド』で、捕虜たちが「屋嘉節（P

W無情)」を歌う現場を目撃した時のことを明かしている。当時、夕方になると、外での作業を終えた捕虜を乗せたトラックが屋嘉収容所へ戻って行った。林助は捕虜たちが「浮世ー、無情なむん、PW、哀りなむん」と歌っているのを聞いた。林助は「『屋嘉節』というのがちゃんとできる前に、『PWは哀れだなあ』ということを誰かが呟いたら、隣の誰かが『無情の唄』の繰り返しの部分を借りて、『PW、哀りなむん』て言ったんじゃないかな」と指摘している。林助が家に帰ると、三線屋をしていた父・林山を訪ねてきた三線上手の青年たちが、この歌を歌っていたという。このように、今定着している「屋嘉節」「PW無情」の歌詞は金城が書いたものだとしても、当時、多くの人が自分なりの「屋嘉節」「PW無情」を歌っていたのではないだろうか。

屋嘉収容所（那覇市歴史博物館提供）

「心情をまぎらわすため作詞」

金城守堅は沖永良部島出身。島を離れ、後に関西の企業でも働いた。一九三一年には宮古島台風災害の復興基金公演にも関わったという。備瀬善勝によると、金城は全国各地の県人会を訪ねて復興基金を募った。近代琉球民謡の祖といわれる大阪の普久原朝喜にも支援を求めた。そこで聞いた普久原作の「無情の唄」が忘れられず、「PW無情」の曲に使ったという。

二〇一七年に亡くなった次男の正博によると、沖縄を拠点に長崎などを転々としていた金城は一九四一年までに「どうせ死ぬのなら家族を残した沖縄に帰りたい」と帰郷し、沖縄戦に巻き込まれた。

金城は七八年の記事で、収容所時代について「あの頃は文芸家でなくても皆が心情をまぎらわすための詩や短歌を作っていた。ラジオ、テレビから自分の歌が流れるのを聞くと当時を思い出し、感激する」と語っている。収容所を出た後は生活に追われ、作詞をしなかったという。

　正博は父について「身長は一七〇センチ以上あって写真を見ると怖い顔に見えるけど、穏やかな人だった」と語った。金城は「PW無情」について話すことも普段歌うこともなかった。それでも酒に酔った時に、時々家族の前で歌う姿が印象的だったという。

「PW無情」の最後の歌詞は「戦《いく》さてるむんぬ　無《ね》らんどんありば　哀《あわ》りくぬ姿《しがた》　ならんたしが　PW哀りなむん（戦争というものが　なかったら　こんな哀れな姿に　ならなくて済んだのに　PW哀れなもの）」。正博は生前、「戦争中に隣の人の顔が砲弾や銃弾で吹き飛ぶのを見ていて悲惨な日々を送ってきた人々にとって戦争は二度と起きてほしくないもの。歌詞もまさしく厭戦歌だ」と父の心情をおもんぱかっていた。

屋嘉に伝わる独自の「屋嘉節」

「屋嘉節」は山内盛彬が作曲した通称「山内節」に乗せて歌われることが多いが、「山内節」が作られた時期は判然としていない。作詞家・プロデューサーの備瀬善勝によると、「山内節」は伊良波尹吉が創作した沖縄芝居「首里から下りてぃぬ三番目」で戦前から使われていたという。「首里から下りてぃぬ三番目」の現存する最古の台本は一九四九年のもので、その時には既に「やまち節」の名前で取り入れられている。また、沖縄市諸見里のエイサーには戦前から「バクチャー節」の名で「山内節」と同じ曲が使われているという。一方、山内は『私の戦後史』第四集で、四八年に帰郷した際、各地を巡業していた役者の親泊興照から「新しい曲がなくて困っている」と依頼されて「屋嘉節」を作った、と書いている。山内の記憶違いだろうか。

　一方、収容所があった金武町屋嘉では「屋嘉節」の歌詞を「無情の唄」に乗せて歌い継いでいる。その言われについて興味深い逸話がある。

収容所があった当時、作業に出る捕虜たちを乗せたトラックが午前八時ごろに出て、午後六時ごろに帰ってきた。捕虜たちはどこからか手に入れた缶詰やお菓子をトラックから住民たちに投げ与えた。ある日の夕刻、お菓子などと一緒に紙切れが投げられた。それを前田範男という小学生が拾い、当時一七歳だった吉野毅という少年に届けた。紙を広げると「屋嘉節」の歌詞が書いてあり、末尾には「これは無情節で歌います」と添えてあったという。毅と友人たちはよく「屋嘉節」を歌った。四九年には屋嘉区の青年会館が完成した記念に「屋嘉節」をテーマにした演劇を創作、上演した。この話は毅が自分史などをまとめた『チャンプルー詩集』（二〇〇一年）で紹介している。

沖縄戦で毅は志願して護郷隊に入り、報道班の連絡要員となった。現名護市源河の一ツ岳に潜んでいた無線通信隊が大本営に送る電文を受け取り、紙に手書きして山中に避難している「村長、村議、区長」に配るのが日課だったという。最後に受けた情報は「大田実少将の率いる海軍部隊は小禄方面の米軍に最後の斬り込みを敢行、牛島司令官の率いる軍主力部隊は敵と抗戦しつつ南部へ転進中」という内容だった。沖縄戦終結後、毅は山を下りて故郷の屋嘉に戻った。戦後、山中に潜んでいた沖縄戦当時の様子を詩にし「夜の夜中に目をさまし　母の面影夢にみる」などとつづっている。

屋嘉区は一九八三年、収容所跡地に「日本軍屋嘉捕虜収容所跡の碑」を建立した。戦後も県外から収容所跡を訪ねて来る元捕虜たちが絶えなかったためだ。毅も建立に関わった。石碑の裏には「屋嘉節」の歌詞が刻まれている。

収容所で亡くなった捕虜たちを追悼しようと、毅の息子で琉球古典音楽野村流音楽協会師範の久一（七〇）と門下生らは、二〇一六年から毎年「慰霊の日」に石碑前で「屋嘉節」などを演奏している。収容所があったことを伝える石碑はできたが、区民の中にはさらに慰霊碑の建立を求める声も根強いという。久一は「古里に帰れずここで死んでいった捕虜たちを弔いたい。戦時中や戦後に何が起こっていたのかを後世に伝えていきたい」と語る。

一般に「屋嘉節」の作詞者とされる金城守堅が書い

た歌詞は六番までだが、屋嘉では七番まで伝わっている。七番の歌詞は「今《なま》や屋嘉村ぬ　枯木又《かりきまた》やてぃん　やがて花咲ちゅる　節《しち》んあゆさ」だ。

亡くなった捕虜たちを追悼しようと、屋嘉収容所跡の石碑の前で「屋嘉節」を演奏する吉野久一（前列左から２人目）と門下生ら＝2017年6月23日、金武町屋嘉

吉野毅（『チャンプルー詩集』より）

故郷の奮起願い「ひやみかち節」

「七転《くる》び転でぃ　ひやみかち起《う》きてぃ　わしたくぬ沖縄《うちな》　世界《しけ》に知らさ（七転び転んでどん底まで落ち込んだ沖縄ではあるが、ヒヤとはね起きて勇気をふるって立ち上がったわれわれの沖縄を世界に知らそう）」。うちなーんちゅを鼓舞し、広く愛されてきたこの「ひやみかち節」の歌詞一番は、今帰仁村出身の平良新助が作詞した。戦時中、米国で強制収容という苦難を経験した新助が、戦争によって焦土と化した故郷の人々を励まそうと詠んだ琉歌だ。

大里康永著『平良新助伝』（一九六九年）によると、新助は若くして謝花昇と共に自由民権運動に参加した。一九〇一年にハワイに渡り、海外移民の先駆となった。四〇年からはロサンゼルスでホテルなどを経営したが、四一年の日米開戦で平穏な生活が一変した。米政府によって新助と妻、娘たちは四二年から三年間、アリゾナ州の砂漠にある日系人強制収容所で拘留された。息子たちは兵役に服して戦地へ送られた。終戦後に解放された新助はロサンゼルスへ戻り、ホテルを再建した。

戦後、米軍基地で働いていた新助の次男・東虎《とうこ》は、沖縄の窮状を新助に手紙で知らせた。新助は古里の窮地に居ても立ってもいられず、五三年十二月に七八歳で帰郷した。『平良新助伝』では、新助は帰郷した際に「ひやみかち節」の琉歌を詠んだとされているが、これは間違いだと思われる。

1945 年ごろの平良新助
（『平良新助伝』より）

山内盛彬
（山内盛貴提供）

作曲と二番以降の作詞をした山内盛彬が六一年一月六日～二月八日付の沖縄タイムスに寄稿した「ふるさとの音楽」というコラム（『山内盛彬著作集』第三巻に収録）に誕生の経緯を記している。新助がロサンゼルスにいた頃、僧侶の玉代勢法雲が東京に住んでいた盛彬を訪ね、「大戦で打ちひしがれた人心を復興するには、この歌を作曲して奮い立たしたらどうか」と勧めたという。盛彬は「その歌を一回見るや、その熱意に動かされ、ヨシー、ヒットして同胞の目をさまそうと決意した」と記している。

山内家には、盛彬が玉代勢から受け取ったと思われる新助直筆の詩が保管されており、その中に「ひやみかち節」の琉歌がある。「於北米　平良新助」という署名があり、新助がロサンゼルスにいる時にこの琉歌を詠んだことを裏付ける。新助とは別の筆跡で「山内様　御添経の上御読み下さい」とも記されており、署名はないが玉代勢が書いたと思われる。名曲の誕生につながった貴重な資料だ。詩は「吾等乃琉球」という題が付けられ、「ひやみかち節」の琉歌の後に七五調の詩が続く独特の形式となっている。七五調の詩の「東は逆巻く太平洋」などの表現は、『平良新助伝』収録の「沖縄を偲ぶ　噫《ああ》沖縄死か生か　於北米」という題

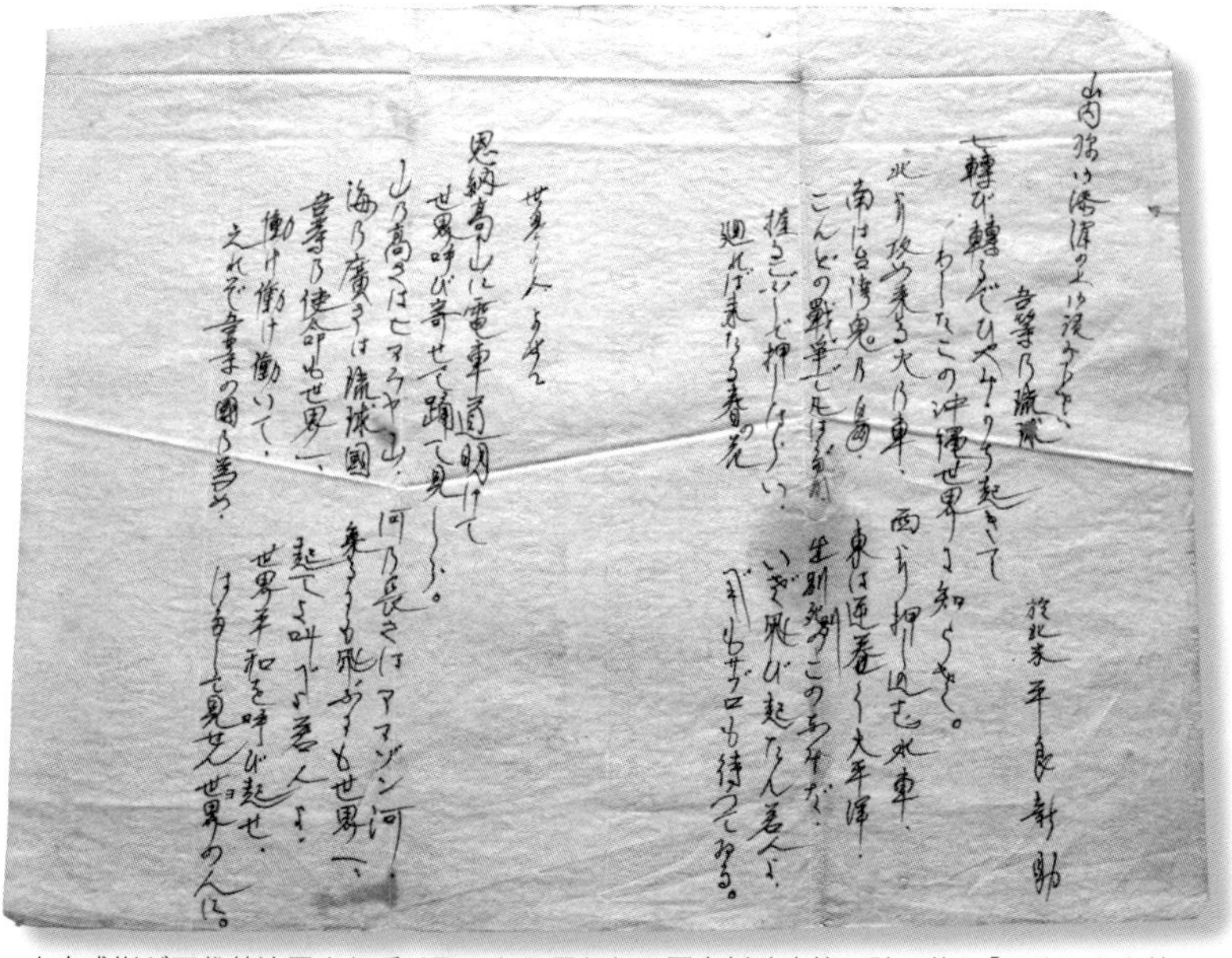

於北米 平良新助

七轉び轉るびひやみかち起きて
わしたこの沖縄世界ニ知らさな。

南は台湾鬼乃島 東は遥々大平洋

いざ飛び起たん若人よ

廻れば来たる春の花

サブロも待ってゐる。

恩納高山に電車道明けて
世界呼び寄せて踊て見しら。

世界の人よ

山乃高さはヒマラヤ山、河乃長さはアマゾン河

海乃廣さは琉球國

音楽乃使命も世界一

起てよ叫べよ若人よ

世界平和を呼び起せ

働け働け働いて

山内盛彬が玉代勢法雲より受け取ったと思われる平良新助直筆の詩。後に「ひやみかち節」の歌詞になる琉歌が含まれている（山内盛貴所蔵）

の詩にも見られる。

一方、盛彬は『私の戦後史』第四集（一九八一年）では、自身が四八年に帰郷した時に親泊興照の依頼で「ひやみかち節」など五、六曲を作曲したと書いており、謎が残る。盛彬のひ孫・盛貴は「盛彬は基本的に東京の自宅で作曲していたので、ひみやかち節も東京で作曲したと思う。その後帰郷した際に新曲を依頼され、ひやみかち節を提供したのではないか」と推測する。なお、盛貴によると、「ひやみかち節」は五二年発行の『山内盛彬作曲変曲特集號（五線譜並に工工四）第二號』に記載された楽譜が年代の分かる最古の資料である。

新助を大叔父に持つ金城艶子は生前、新助について「裏表がなくパワフルな人」だったと話した。「ひやみかち節」の歌詞について「『ふるさと沖縄の力はこんなもんじゃない。（沖縄の人々に）歯を食いしばってほしい』という前向きな大叔父らしい思いが込められている」と語った。六五年に新助は琉球新報賞（移民功労賞）を受賞した。「すさんだ人々の心に活を入れた」が授賞理由だった。

盛彬は多くの童謡を作曲しているが、「ひやみかち節」も子ども向けに作った曲だという。「ふるさとの音楽」によると、舞踊家・榊原帰逸による沖縄の学校での舞踊講習に使うため、コロンビアでレコードに録音された。その時はコロンビアの意向で「腕をくみうたおう…」と標準語で録音された。『私の戦後史』によると録音は一九五七年だ。盛彬は「ふるさとの音楽」で「このレコード歌は童謡式であるにもかかわらず、学校の門を越えて社会にもとびこみ、山奥の青年会や婦人会や子どもにまで、燃えひろがったのは、平良氏の情熱の結晶した結果で外人にも最も好かれた歌曲である」と記している。

技巧的な三線演奏も人気の理由だ。登川誠仁ら民謡唄者が好んで演奏したことによって一層流行した。盛貴によると、盛彬自身の楽譜・演奏ではBPM110～120くらいのテンポだが、原曲よりさらに速いテンポで演奏されることもある。

二〇一〇年には甲子園に出場した興南高校の応援歌になり、さらに幅広い世代に浸透した。県民がさまざまな場面で懸命に立ち上がろうとする時、この歌は力をくれる。

終戦直後の石川歌う

「一つとせ　一二三四五六七《ひふみよごろくなな》通り　いろはにほえとちり横丁　碁盤十字のカヤブキ天幕（テント）町　これが沖縄一の市ではないかいな」。

終戦直後の石川の情景を歌った「石川小唄（石川数え唄）」の冒頭だ。

戦災で打ちひしがれた県民を「ぬちぬぐすーじさびら（命のお祝いをしましょう）」と励まし、「踊るハージェーク（歯医者）」としても知られる小那覇舞天（本名・全孝）の作品だ。

石川市（現うるま市）は戦後沖縄の出発地とされる。戦場で米軍に保護された住民は石川収容地区に集められた。鉄条網に囲まれた収容所で人々は簡易的なテントなどで過ごした。

石川市市制四五周年記念誌によると、同年、戦災復興計画の一つとして、同市を中心に「ツーバイフォー」（二インチ×四インチの角材）と呼ばれる米軍支給の

終戦直後、住民が生活したテント小屋（石川市市制45周年記念誌より）

材木を骨組みにした「キカクヤー」（規格住宅）が建ち始めた。六坪で五人家族を標準にした広さで、台風時には倒壊するものが多く、その都度立て直しを行うほどの簡素な住宅だった。

石川市には軍政府の諮問機関として行政機関の役割を担う沖縄諮詢会（志喜屋孝信委員長）が設置された。小那覇は後に同会の文化部芸術課長も務めた。

舞天の評伝『笑う沖縄』（曽我部司著、二〇〇六年）によると、舞天は諮詢会のメンバーとして招集されたわけではなかった。「広場で即席演芸会を勝手に主催しているような変わり者をアメリカ軍は温かい目で見守ってはいたものの、公職に従事させるべき人物と考えるはずもなかった」と同書は記す。

舞天が芸術課長になった理由について、長男・全人（九〇）は「県立第二中で恩師だった志喜屋孝信の存在が大きかったのでは」と指摘する。一九四六年四月、沖縄諮詢会が解消され、沖縄民政府が発足した。舞天は芸術課長と収容所内の病院の歯科医を兼任していたが、間もなく芸術課長を川平朝申に引き継いだ。

戦時中、進学のために東京で過ごした全人のもとに、四六年、父・舞天から「チョコレートもあるから早く帰っておいで」という内容の電報が届いた。全人は「お菓子で興味を引こうなんて、父らしいさ」と笑う。同年十一月、久場崎で迎えられ、石川で生活を始めた。全人が受けた石川の印象は「砂ばっかりで何もない」。全人が話す通り「石川小唄」の二番では「石川名物　砂とほこりの町ではないかいな」と歌う。

三番の歌詞は「ドラム缶の近代便所　エッサエッサと汲《く》み出す特攻隊　あとは靖国参るじゃないかい

な」。全人は「戦争当時はエリートといわれた特攻隊が便所の世話をする。最終的には、靖国神社にまつられるというのは皮肉じゃないか」と指摘する。

風刺利かせた漫談

舞天は長男・全人が「人をからかったり、笑わせたりするのがずっと好きだった」と言うように、戦前から漫談で多くの人を笑わせていた。

舞天の作品の一つにヒトラーをやゆした「世界漫遊」という漫談がある。世界各国を訪れた男性が旦那に土産話をする内容だ。その一節で、ヒトラーという名の由来について男性が「一番大将はヒットラーと言っていました。どうしてそんな名を付けたかと尋ねたら、あの国もひっ獲ろう、この国もひっ獲ろうという事でヒットラーと付けたと言っていました（全人抄訳）」と話す。

沖縄テレビ放送は二〇〇六年、舞天を特集した番組「戦争を笑え　命ぬ御祝事さびら！　沖縄・伝説の芸人ブーテン」を放送した。ディレクターを務めた沖縄テレビ開発常務取締役の山里孫存によると、戦時中、芝居など娯楽は憲兵が見張る中で行われていたという。舞天はその環境の中で、漫談「三毛猫の唄」を披露した。かわいい三毛猫をほかの猫が取り合う様子を歌った漫談だ。

「三毛猫の唄」で「私は近ごろ近所で評判の本当にかわいい三毛猫よ。表へ出るとみんなが屋根から私をのぞいてよ。私をお嫁にほしいとみんなでけんかす

小那覇舞天（小那覇全人提供）

る。そりゃつらかろう」と歌う。

戦禍が激しくなる中で沖縄の若者は戦地に送られ、逆に日本兵が沖縄に多く送られた。婚約者や夫を戦地に送られた女性は悲しんだ。歌の最後は猫なで声で「ミャーオ」と鳴き声をまねた。三毛猫は若い女性、ほかの猫は日本兵を暗喩しており、当時の沖縄の状況をからかった内容だ。会場は憲兵を除いた来場者の爆笑に包まれた。山里は「この漫談の面白さ、意味が分かるのは沖縄人と演じている舞天だけだった」と言う。

山里はさらに「ヒトラーをやゆした『世界漫遊』など、舞天さんの作品には反骨心、風刺がちりばめられた作品が多い。検閲など厳しい環境、抑圧された雰囲気の中で少し風穴を開けるだけで、笑いは一気に吹き出した」と指摘した。

終戦直後、舞天は弟子の照屋林助とともに石川の家々を回り、人々を歌や三線で勇気づけた。芸術課長を辞め、文化行政から身を引いたが、四九年に結成された女性だけの劇団「乙姫劇団」のハワイ公演を成功させ、四人姉妹の民謡グループ「フォーシスターズ」を誕生させた。フォーシスターズの伊波みどりは「人の心を慰めてくれた」と語る。重苦しい空気が包む中、皮肉、風刺で笑わせた「沖縄のチャップリン」は一九六九年、七二歳でその生涯を閉じた。

民謡復興　コザに原点

沖縄民謡の戦後復興はコザ（現沖縄市）に原点があるといわれる。コザは民謡歌手の小浜守栄、嘉手苅林昌、山内昌徳（九五）、登川誠仁が活動の拠点としていた場所だ。島唄解説人の小浜司（五七）は「三線好きの民謡歌手が多く住んでいて、山内の家に集まった。彼らは三線の腕を競い合い、切磋琢磨《せっさたくま》していた」と話す。

読谷村出身の山内は一九四二年に召集され、鹿児島から中国へ派遣された。「すぐに第一線に送られ、余裕も無かった」という。鹿児島を経由して、沖縄に戻ったのは終戦から数年後だった。山内と同じように戦争に駆り出され、南洋や中国の戦禍を生き延びた守栄は四六年、嘉手苅は五〇年に沖縄に引き揚げてきた。

山内が生まれ育った読谷村牧原は戦後、米軍基地（嘉手納弾薬庫）に接収された。ふるさとを奪われた山内は嘉手納基地のＰＸ（基地内の売店）で働き始める。仕事はたばこや角材など物資の配送係だった。

終戦後しばらくは衣食住の全てが足りなかった。満足な食料を得られない住民を空腹が襲った。当時は栄養失調だけでなく、餓死者も出た。山内も「おばぁが炊いたジャガイモを弁当箱に入れて、それで『ジャガイモ弁当』のできあがり。腹いっぱい食べられるだけでも十分だった」というほど、食料を確保するのに苦労する時代だった。

ＰＸ時代の山内昌徳（右）（山内昌徳・たけし親子リサイタルプログラムより）

それでも人々は歌い、音楽を奏でることを求めた。収容所内のベッドの木材で棹を、落下傘の糸などをほどいて弦を作り、カンカラ三線に仕立てた。

山内もほかの人々と変わらず、民謡を歌い続けることを望んだ一人だった。幼少期から兄が弾く三線の音を聞いて育ち、戦後も自然と三線を手にした。「ジントーヨー節」や「ナークニー」のような昔歌を歌うことが多かった。

庶民の娯楽は沖縄芝居と民謡が中心だった。夫婦でＰＸで働いていた山内の家には、比較的食べ物が多くあった。毎日のように、守栄や嘉手苅が集まり、三線の音が山内の家から響き渡った。小浜は「食べ物も食べられて、好きな三線も弾ける。自然発生的な部分もあるが、コザが戦後の沖縄民謡復興の原点といわれる理由の一つではないか」と指摘する。

山内は「嘉手苅さん、守栄さんの歌や三線を耳で覚えた。あの二人は自分にとって大事な先輩だった」と懐かしそうに振り返る。次第に登川や照屋林助らも加わった。

コザから流れ始めた沖縄民謡。三線の音色と歌声が少しずつ日常に溶け込んでいった。民謡が聞こえると、県民の心の中に、活力にあふれた戦前の風景がよみがえった。

ラジオの民謡で癒やし

一九四九年五月十六日午後二時、「かぎやで風節」の三線の音が沖縄中に流れた。米軍政府は具志川村(現うるま市)栄野比に放送局「AKAR」を開局し、試験放送が始まった。最初に聞こえてきたのは、県民に親しまれ、祝いの席でおなじみの曲だった。翌五〇年一月に本放送を開始した。

五〇年代になり、沖縄民謡は人気を呼ぶ。大きな役割を果たしたのが、レコードとラジオだった。五二年には新作流行歌としてマルフクレコードが「懐かしき故郷」「屋嘉節」「南洋浜千鳥」などを発売した。作曲家の普久原恒勇(八三)は「『懐かしき故郷』といっ

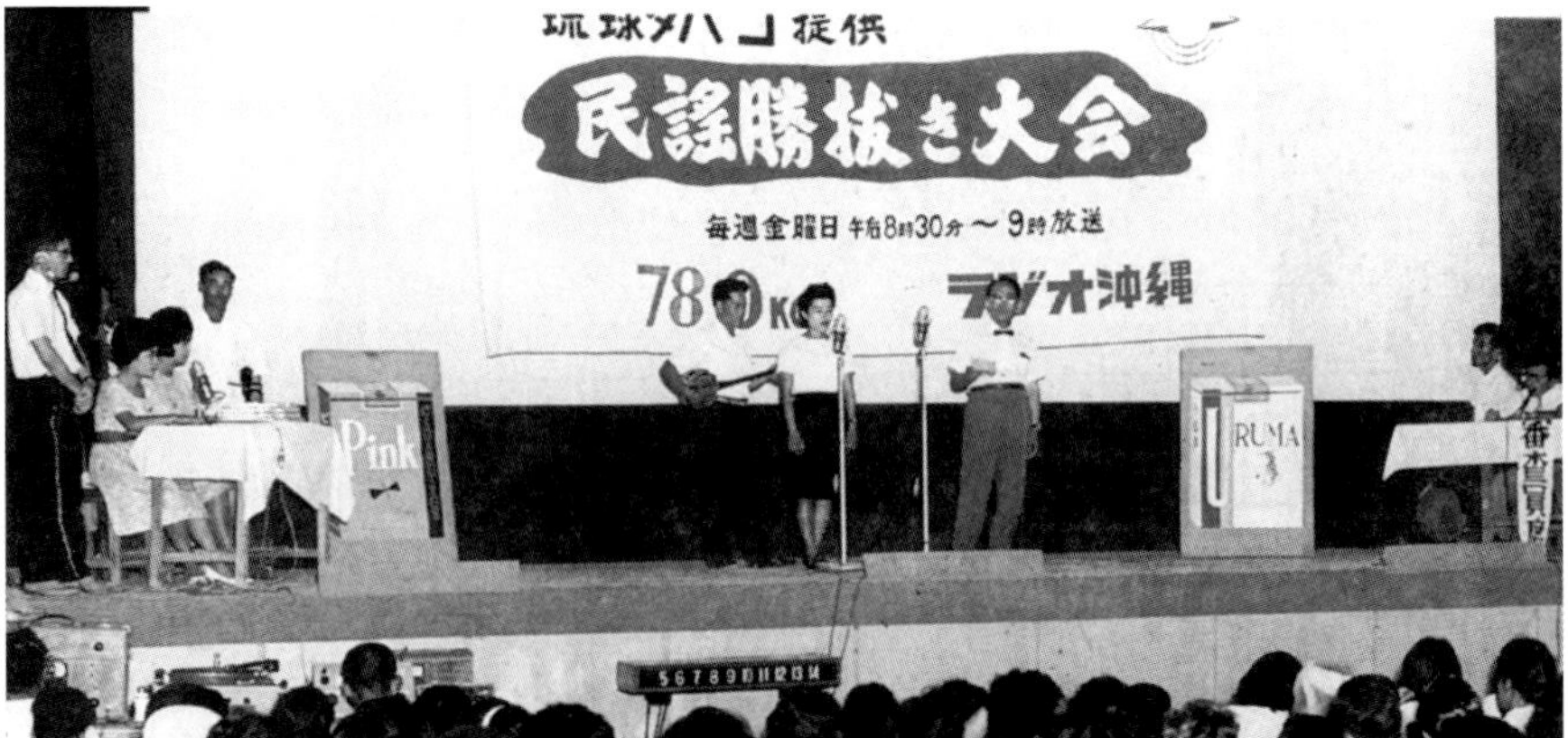

民謡歌手の登竜門となったラジオ沖縄の「民謡勝ち抜き大会」(ラジオ沖縄開局35周年記念誌より)

た、ふるさとを懐かしむ歌が多くラジオから流れていたと聞いている」と当時好まれていた歌について語った。

五九年には極東放送（現ＦＭ沖縄）、六〇年にはラジオ沖縄も放送を開始し、ラジオから流れる民謡が人々の生活に溶け込み始めた。前川朝昭、喜納昌永など、戦後の民謡界を支え、第一線で活動した歌い手たちの歌がラジオから流れ民衆に安らぎを与えた。

ラジオ沖縄は開局当初から「ローカルに徹せよ」の社是のもと、民謡に特化した番組編成を打ち出す。「民謡勝ち抜き大会」はその代表的な番組だ。司会を小那覇舞天（小那覇全孝）が務め、公開録音が特徴だった。一回目はコザの十字路オリオン座、二回目は屋慶名沖映など、離島も含め県内各地で公開録音を行った。

ゲストに小浜守栄、山内昌徳、嘉手苅林昌らを迎えると、観覧客が殺到した。普久原は「当時の民謡歌手には収録会場まで来る追っ掛け、ファンが多かった」と話す。山内も「劇場にたくさんの人が来てくれて、お客さんも一緒に歌ってくれていた覚えがあるよ」と振り返った。

当時、各地の民謡大会などに同行した普久原は「ラジオから流れてくる声を聴いて、この民謡歌手はどういう顔をしているんだろうという思いがあったのだろう」と反響の大きさを語った。フォーシスターズの伊波貞子らも「民謡勝ち抜き大会」に出場するなど、民謡歌手にとっての登竜門となった。舞天の息子で、ラジオ沖縄制作局長などを務めた小那覇全人も「民謡界の中心にいた人たちも、ここ（民謡勝ち抜き大会）を通ってきた」と語る。

ラジオ沖縄開局三五周年記念誌『ローカルに徹せよ――ラジオ沖縄三五年の歩み――』（一九九五年）の中で、琉球民謡協会の上原政雄会長も民謡勝ち抜き大会などに触れ、新たな民謡歌手の誕生や戦後の沖縄民謡ブームの到来に貢献したと指摘している。

普久原は「戦時中は『芸人風情が』と言われていた。それが戦後は歌が求められる世の中になり、全く正反対になった」と当時を振り返る。民謡を求める心にラジオ局が応え、ラジオから流れる民謡が生活の一部となっていった。

民謡活動 35 周年公演で記念撮影に応じる普久原朝喜（中央）ら（チコンキーふくばる　顕彰碑建立記念誌より）

本土県人に希望与えた朝喜

「夢《いみ》に見る沖縄《うちなー》　元姿《むとぅしがた》やしが　音《うとぅ》に聞《ち》く沖縄　変わてぃ無《ね》らん　行ちぶさや　生《んま》り島（夢に見る沖縄は元の姿だけど　うわさに聞く沖縄は変わってしまった　行ってみたい　生まれ故郷に）」。終戦後の一九四七年、大阪で普久原朝喜が作詞作曲した「懐かしき故《こ》郷《きょう》」は古里に思いをはせる本土の県出身者の心を揺さぶった。関西県人の集まりで初めて披露されると、人々は涙を流し、拍手もできなかったという。

沖縄県人会兵庫県本部会長を務めた上江洲智克は『チコンキーふくばる　顕彰碑建立記念誌』で戦後、古里との交流を遮断され、絶望にあえぐ本土の県人の心に安らぎと生き抜く希望を与えたと記している。さらに「どれだけ多くの県民が自暴自棄の境地から脱したか計り知れない」と評した。

「チコンキー（蓄音機）ふくばる」「近代琉球民謡の祖」と呼ばれ、二七年に「マルフクレコード」を設立した朝喜。戦前から戦後と、生涯の大半を大阪で過ごしたが、故郷や同郷の人を思いながら「移民小唄」「無情の唄」など、心に寄り添う曲を次々と生み出していった。

五一年十一月、神戸と沖縄を結ぶ定期船「黒潮丸」が就航した。県出身者が多く過ごしていた関西に、古里の香りがやってくることに人々は胸を躍らせた。作詞家の備瀬善勝も『チコンキーふくばる　顕彰碑記念誌』で「朝喜は沖縄のにおいをかぎに、わざわざ神戸まで『黒潮丸』を見に行った」と記している。

沖縄の空気を感じ取った朝喜は同年、その思いを乗せて「通い船」を作り上げた。「御万人《うまんちゅ》と共《とぅむ》に　此《く》ぬ船《ふに》に乗《ぬ》やい　懐《なち》かしぬ港《んなとぅ》　出《ん》じてぃ行ちゅん（人々とともにこの船に乗って　悲しみの港を出て行く）サー那覇とぅ　大和ぬ　通い船よ」。同曲は五九年、朝喜の息子で、後にマルフクレコードの経営を引き継ぐ恒勇のプロデュースで喜納昌永が歌い、レコードで販売された。その反響は大きく、戦後民謡レコード第一号のヒット曲となったといわれる。

朝喜は民謡活動の節目には沖縄で公演を行うなど、古里への思いを忘れなかった。民謡活動三五周年を迎えた六一年には、妻の京子と共に沖縄にがい旋。国際通りで車に乗り、パレードを行った。

公演を企画した恒勇は「『こんな派手なことするんじゃない』と怒られたものだ。当時としては民謡歌手がパレードするのは想像を絶することだった」と振り返る。県内各地で四回開かれた公演の会場は全て満席。玉城盛義、幸地亀千代など幅広い芸能関係者が出演した。恒勇も「私にとっても一生忘れられない公演だった。あれほどの人がそろったのも、朝喜の存在があったからこそだ」と話す。

朝喜は八一年に七十八歳で生涯を終えた。九三年、沖縄市に朝喜の功績をたたえた顕彰碑が建立された。朝喜の沖縄への思いは今も息づいている。

レコードで「民謡歌手」に

第二次世界大戦終結後、嘉手苅林昌、山内昌徳ら多くの民謡歌手が国内外から、ふるさとの沖縄に戻った。彼らは焦土と化したふるさとで軍作業などを生活の糧としていた。

戦前は専業の民謡歌手はいなかった。毛遊びや芝居

民謡が収録されたレコード。民謡歌手にとってもレコード発売は一種のステータスだったといわれる＝沖縄市のおんがく村

の地謡などで民謡を歌っていた。戦後、民謡歌手という職を確立したのはレコードの存在が大きい。戦後しばらくはラジオの公開収録や親子ラジオから流れる歌声でしか民謡を楽しめなかった人々にとって、レコードが果たした役割は大きかった。

一九五二年、大阪で普久原朝喜の「マルフクレコード」がレコードの製作を再開。沖縄にも輸出を始めた。五五年、沖縄では那覇市の平和通りにあった高良時計店の高良次郎社長が「マルタカレコード」を立ち上げた。マルタカレコードは山内、糸数カメなどを専属歌手とした。

六〇年にマルタカレコードから「宮古根《なーくにー》」でデビューした上原正吉（七五）。今帰仁村出身の正吉は戦時中の食糧難などから母親と弟を失った。戦後、男手一つで自分を育てた父親も病で亡くなった。家族を失った正吉は中学校卒業の翌日に、那覇市に仕事を求めた。ひめゆり通り周辺で、軍が払い下げた部品を磨く下請け作業をした。幼いころから父親の三線を聞いて育った正吉。近隣に前川朝昭の研究所があると知ると、すぐに入門し、指導を受けた。

正吉の声を聞いた高良社長に見込まれ、「宮古根」を収録することが決まった。民謡歌手にとって、レコードを発売することは一種のステータスだったといわれる。正吉も「レコードを出すなんて思いもしなかった」と振り返る。

正吉の妻で前川の研究所で学んでいた恵美子（七一）は「歌を吹き込んでも、レコードとして手元に来るのは半年、一年後だった。レコードが完成しても再生する機械が普及していなかった」と話す。当時、レコードの再生機はビアホールに並ぶジュークボックスがほとんどで、完成したレコードを持ち込んで聴いた。正吉は再生機から流れてきた歌声に驚いた。「自分はこんな声をしているのか」。恵美子は「二十五セントで四、五曲聴けた。流れてくる曲を聴いて勉強した」と懐かしむ。ビアホールの客と共に民謡を楽しむこともあった。

その後、「マルテルレコード」（一九六六年）、「ゴモンレコード」（一九六七年）などレコード会社が設立され、一般家庭にも再生機が徐々に普及し始めた。「好きな時に好きな民謡が聴ける」（恵美子）時代に変わっていった。

女性民謡歌手が活躍

戦前、民謡を歌ったり、三線を弾いたりする男性は「アシバー（遊び人）」などと呼ばれ、時には偏見の目で見られることがあった。作詞家の備瀬善勝によると、女性は三線に触るだけでしかられ、「尾類《ジュリ》ヌ家《ヤー》じゃあるまいし」と言われることもあったという。

しかし、戦争で傷ついた県民の心を癒やしたのも民謡だった。男性だけでなく、女性民謡歌手のつやのある声もまた、癒やしや勇気を与えた。

戦前、戦後を通じて活躍した女性歌手は船越キヨ、糸数カメなどが代表的だ。島唄解説人の小浜司は女性歌手に関して「普久原（赤嶺）京子、普久原鉄子の存在も忘れてはならない」と話す。中でも「七尺節」で知られ、朝喜の後妻となった京子について「発声に裏声を用いて、戦後の女性民謡歌手の手本となったといえる」と指摘する。

「戦争でふるさとを破壊されて、しょげかえった男たちに代わり、女性歌手が出現し、活躍することで庶民の心を一層励ました」と語る。

「嘆きの梅」（一九六一年）などのレコードを発売した山里ユキは京子に憧れ、よく朝喜と京子のデュエット曲「無情の唄」を聞いていた。大阪の普久原夫妻のもとで一年間、指導を受けた。「とても優しい人だった」という。京子の印象を「声がとてもきれいだった。女性で民謡歌手を目指す人にとって憧れの存在だった」と話す。

五〇年代後半からはラジオ、レコード、のど自慢大会と民謡があふれる「民謡ブーム」が始まった。また、女性民謡歌手の輩出にはラジオ沖縄の「民謡勝ち抜き大会」や琉球放送の「素人のど自慢大会」の存在も大きい。六二年、民謡勝ち抜き大会に出場した饒辺勝子は高校生ながら、見事に五人抜きを果たした。ラジオの民謡番組が大城美佐子など、数多くの女性民謡歌手の輩出につながった。

普久原朝喜（左）の妻で、女性民謡歌手の憧れともいわれた京子（チコンキーふくばる顕彰碑建立記念誌より）

山里も「素人のど自慢大会」に出場した一人だ。「お昼のラジオから流れる民謡を聞いて、出場しようと思った女性も多い。私も同じ本部町出身の（民謡歌手の）金城実さんに伴奏をお願いして出場した」と懐かしむ。ラジオに出演し、好成績を収めた山里は実力を朝喜らに見いだされ、レコードデビューした。

その後、「フォーシスターズ」、「でいご娘」など女性民謡グループが多く生まれた。現在もそのつややかな歌声が島に流れ続けている。

琉楽のともしび

「琉球音楽は亡国的」

「中学校の教員ともあろう者が琉球音楽ばかり研究している。琉球音楽は亡国的音楽である。このような教員は辞めさせてもらいたい」。一九三八年ごろのある日、県立第二中学の山城篤男校長と開南中学の志喜屋孝信校長は県庁に呼ばれ、学務部長に叱責された。学務部長が問題視したのは二中の漢文教諭、世禮《せれい》國男のことだ。一九三五～一九四一年に『声楽譜付工工四』を発刊し、野村流の普及に大きく貢献した。志喜屋は山城の前の二中校長で世禮と親しかった。学務部長は続けた。「琉球音楽を歌うより浪花節（浪曲）をやったらどうか」。

山城と志喜屋らは琉球古典音楽が沖縄独自の文化であり、世禮の研究は誰もができるものではないこと、職務も果たしていることなどを説明し、ようやく学務部長の怒りを収めたという。世禮の親類である親川光繁が、開南中の教諭だった一九四二～一九四五年ごろに山城や世禮から聞いた話だ（『野村流音楽協会創立五十周年記念誌』、一九七四年）。世禮は「参ったよ」と笑いながら振り返ったという。

世禮は県からにらまれながらも研究を続けた。『世禮國男全集』（一九七五年）によると、一九四一年八月には琉球新報（正しくは沖縄新報と思われる）に「郷土音楽の往く道」という論文を掲載したという。現在、その論文は確認できないが、新里金福・大城立裕著『近代沖縄の人びと』（一九六九年）によると、「琉球音楽なんて無くして了えは随分ひどいですね。永い伝統を持つ文化をなくして了うなんていうことは言うべくして行われない」など、沖縄文化の重要性を主張する内容だったようだ。さらに「古典音楽の振興のためには先ず古典音楽の正しい保存を計ると共に、新しい人々がそれを取り上げて、徹底的に研究し、琉球古典音楽の本質を究明しなければいけない」と論じているという。世禮の代表的な仕事である『声楽譜付工工四』とそれに収録されている「琉球音楽楽典」からも、こうした熱い思いが伝わってくる。

選択的な文化評価

世禮と琉球古典音楽を批判した学務部長とは誰なのか。親川は教育界の刷新を掲げて「Y旋風」を巻き起こした「Y部長」と書いている。これから推測すると、一九三八年十月から一九三九年四月初めまで赴任していた山口泉のことだと思われる。当時の大阪朝日新聞

県立第二中学校教諭時代の世禮國男（前列左から７人目）と山城篤男（同６人目）＝1943年、那覇市の二中（『青春の風紋　県立第二中学校卒業五十周年記念誌』より）

鹿児島沖縄版によると、「不祥事」を起こした教員や「力量不足」の教員を退職させた。さらに、ほとんど異動がなかった教育界で大規模な異動を断行し、「刷新」を図った。

一方で山口は一九三八年末~三九年一月に民芸研究者の柳宗悦を沖縄に招いている。日本民藝協会の機関誌『民藝』一九三九年十一月号で山口は「これほどの純粋な秀れた文化財をうけ継ぎながら、沖縄ほど自分の郷土の地盤に自信をもたない所もない」「郷土的地盤をはっきり認識することは(中略)もっとも強力なる日本精神表現の現実的手段にほかならない」と論じている。この号では世禮も三線について執筆している。これらの言動と琉球古典音楽批判は一見、結び付きにくい。『民藝』一九六五年五月号によると、山口は関東大震災直後には朝鮮人をかくまっており、少数派への思いやりを持つ人物にも見える。山口の後任の学務部長である渡邊瑞美は「本県の教育は余りに郷土の特異性を強調するのはいかん」という考えだった(一九三九年五月十一日付琉球新報)。本当は世禮を批判した学務部長は渡邊で、親川が山口だと記憶違いをしている可能性もあるのではないか。

ただ、山口は『民藝』一九三九年十一月号で「指導すべき点は積極的に言語の問題なり」と主張している。山口の下で県は各学校、企業に標準語使用を依頼するなど標準語奨励を推し進めた(一九三九年三月二八日付大阪朝日新聞)。その背景には、出征した県出身兵士が言葉に不自由を感じるなどの事情もあったようだ(一九三八年十一月二十日付同紙)。山口は標準語励行を推進する中で、琉球独自の言葉を基盤とする琉球古典音楽を批判したのかもしれない。

沖縄現代史を研究する東京経済大学の戸邉秀明准教授によると、当時は沖縄に対するこのような「選択的な文化評価」が民芸運動に携わっていた人々を含めて一般的だったという。戸邉准教授は「当時、本土では沖縄文化ブームが起こっており、民芸運動の沖縄への注目もその一端を担っていた。しかし本土側と沖縄出身エリートの大半による当時の沖縄称揚では、大日本帝国の中で恥ずかしくない芸術性や日本文化の原型を表すものだけが沖縄・琉球文化として認められ、その他多くの日常的な生活文化や言語などは矯正や廃棄の対象と考えられていた。山口にとって琉球の音楽は芸術性に乏しい遅れたもの、という理解だったのだろう」と指摘する。また「このような潮流と柳宗悦の思想は、とりあえず別物だと考えられるが、方言論争などで起こった柳たちに対する沖縄側からの批判は、民芸運動総体としては濃厚に有していたこのような傾向に対する猜疑と警戒によっている」と解説する。

世禮、国粋主義の評価も

「大死一番以《もっ》て新生命を贏《か》ち得るの覚悟あるべし」——。作家の大城立裕が県立第二中学校を卒業した時、教諭の世禮國男から贈られた言葉だ。大城は「いろんな意味にとれるが、私は『戦死して靖国神社に祭られなさい』という意味だと感じた。世禮先生の漢文の授業や琉球古典音楽家としての功績は素晴らしいが、国粋主義者だった」と振り返る。現在の琉球古典音楽野村流の隆盛は世禮が発刊した『声楽譜付工工四』なしにはあり得ない。だが教育者としては、ほかの者と同様、戦前の軍国主義教育の一端を担っていたようだ。

沖縄戦中の世禮の行動は不明な点が多い。『青春の風紋　県立第二中学校卒業五十周年記念誌』（一九九三年）によると、那覇が灰じんに帰した四四年十月十日の十・十空襲で、世禮と山城篤男校長らは「御真影」を持ち、二中裏にある松尾墓地の防空壕に避難した。四五年三月、二中の四、五年生と通信隊に配属されなかった下級生ら計約百五十人（百人以下とも）は金武国民学校に移動し、後に一部を除き解散する。北部への移動と解散は、配属将校の高山代千八が生徒の犠牲を最小限に抑えようとしたとする証言もある。だが、山城校長は金武に来なかったという。

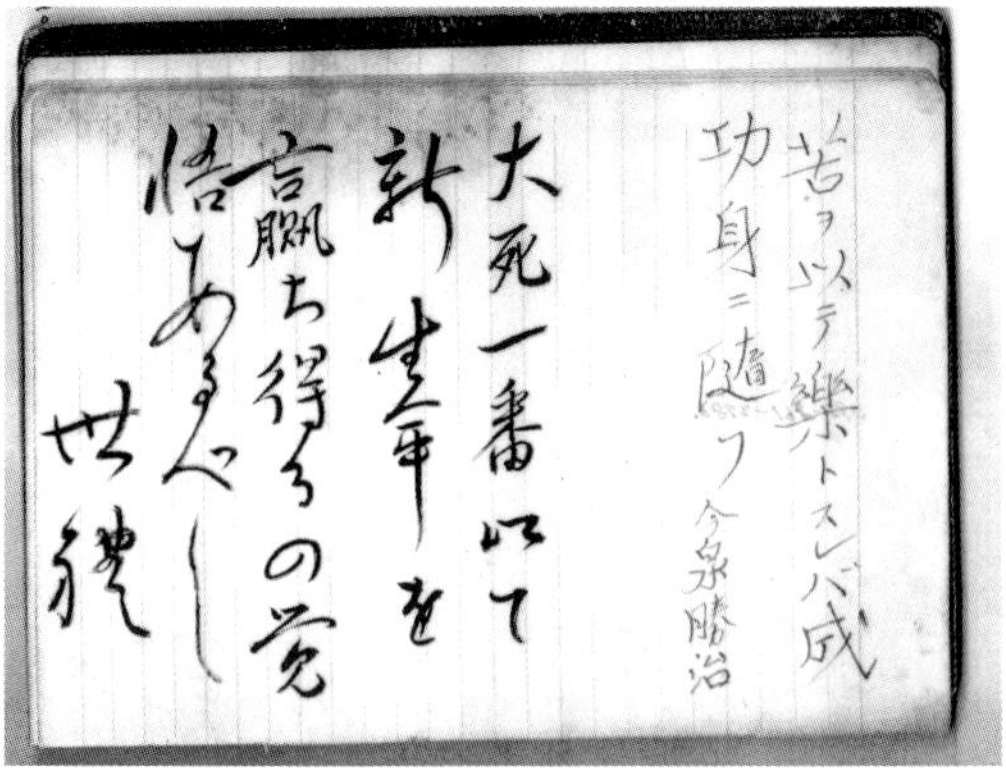

大城立裕のノートに世禮國男が書いた言葉（大城提供）

取材では世禮が金武に来たことを覚えている卒業生は確認できなかった。だが『沖縄二中三岳会の記録―激動の時代の青春―』（九二年）によると、金武まで行ったという。同僚の山城亀延が金武で世禮から「君が若いから源河山のオーシッタイ部落に行って、御真影奉護の任に当たってくれ」と頼まれたと記している。それ以上の戦時中の足跡は分からない。

世禮は戦後、知念高校の創立に尽力し、初代校長となった。同僚だった多和田真淳によると、世禮が創立の相談をした際、「このみじめな戦争に学徒を追い立てた責任は我々教師も負わねばならぬ。この罪をつぐなうためには、早く生徒たちを集めて敗戦後の危機から救うことだ」と力説したという（『新沖縄文学』一九七二年二三号）。

四五年十一月十六日、知念村志喜屋の原野で米軍払い下げのテント三張を教室にして知念高校が開校した。「あらゆるものを失い果ては精神的にも大打撃を受けた。ひがみの心でやけじみているけれど、皆さんはそんな小さい感情にこだわってはいけない。破壊された沖縄という島。破壊された人心を引き立て建設しなければならない重大な責務は汝らの生き方、指導に懸かるのである」。校庭で世禮は力強く訓示を述べた（『知念高校創立六〇周年記念誌』、二〇〇六年）。

その後、世禮はコザ高校の校長も務めた。コザ高時代、大城と再会した世禮は戦時中の言動について「配属将校にいじめられていた」と語ったという。だが、大城は不信感をぬぐい去ることができなかった。

職務から本音封印か

『声楽譜付工工四』を著した世禮國男の功績は琉球古典音楽（琉楽）研究にとどまらない。「琉球音楽歌謡史論」（一九四〇年、琉球新報連載）に代表されるおもろなどの研究、琉歌の影響も受けた現代詩などに幅広い才能を発揮した。沖縄文化への深い造詣と客観的・学術的な視点がうかがえる。一方で戦時中の世禮の言葉にはナショナリズム（国粋主義）もにじんでいる。

世禮は四三年七月二十～二十七日の沖縄新報に「沖縄古神道　日本神道への帰一は急務」とする論文を寄稿した。琉球神道を詳細に分析したものだが、「琉球神道が日本神道の古態であることを証し、従って琉球神道の日本神道への帰一は、結局は琉球神道自体の進化発展であると論じたい」とし、「御嶽を神社」「女神職ノロ奉賛を男神官司祭」に改めよと主張している。

伊差川世瑞（前列中央）の歌を採譜し声楽譜を書いた世禮國男（後列右）。『声楽譜付工工四』出版の記念撮影（『声楽譜付工工四』より）

世禮に詳しい京都精華大学の末次智教授は「世禮の戦時中の文章は結論だけそう（ナショナリズムに）なっているが、そこに至る過程ではしっかりと資料を押さえて客観的な見方をしている。結論が本音なのかは疑わしい」とみる。世禮は本州の大学を出ず、文検（文部省教員検定試験）を経て県立第二中学の教員になった。末次教授は「世禮にとって二中の教員という仕事は大切なものだったはずだ。仕事を通して見る限り、プライドが高く、純粋で誠実な人だと思う。自分の責務を忠実に果たそうとすると、国の動きに忠実にならざるを得なかったと考えられる」と分析する。

三九年二月二十二日付大阪朝日新聞にも、琉歌などに関する世禮の談話が載っている。本州の隆達節、弄斎節の影響を受けて八八八六調の琉歌が発達したと客観的に分析しているが、結論だけ「沖縄独特の舞踊歌曲、言語などというものはなく全部日本のそれと同じ」と乱暴になっている。

世禮の「琉球音楽歌謡史論」は戦火により一部が欠落していたが、末次教授は十数年前に欠落部分の所在を知り、内容を確認した。大阪朝日新聞での世禮の談話は「琉球音楽歌謡史論」欠落部分の研究に至る過程と思われる。だが「琉球音楽歌謡史論」はナショナリズムとは無縁の純粋な論文だという。

末次教授は「世禮は同時代の本州の古典歌謡研究に

いち早く目を通し、それをもとに琉球歌謡と本州の歌謡の関係を見極めている。琉球文学研究史上では、琉歌の定形（八八八六）の成立については決着がついておらず、琉球歌謡の内部から醸成されたという説と、本州弧近世の小唄からの影響だという説が両立している。世礼の論は、後者の説を採った最も早い、それも正確な指摘の一つだ」と評価する。末次教授は大阪朝日新聞の記事中の「おもろなども琉球語では解けないが日本の国語でなら解釈できる」という発言についても「世禮は当時、最も正確におもろを理解していた一人だ。だから、このようなことを考えていたはずがない」と強調する。

琉球の文化を探究することとナショナリズム、皇国史観は一見結びつきにくい。だが、末次教授は「当時は郷土教育熱、郷土研究熱が高まった時代でもあった。郷土愛は一見ナショナリズムと矛盾するように思えるが、郷土愛はナショナリズムを補完もする」と指摘する。末次教授の著書『世礼国男と沖縄学の時代　琉球古典の探求者たち』（二〇一七年）によると、当時、新おもろ学派と呼ばれた沖縄学の俊英たちの研究もナショナリズムに結び付いていた。

その上で末次教授は「真の国粋主義者であったならば、世禮の仕事の多くは成立していない」と強調する。例えば、『声楽譜付工工四』に収録されている「琉球音楽楽典」だ。「楽典からは琉球古典音楽固有のものが何かを問い続ける世禮の姿が浮かび上がる」と指摘する。

世禮を含め、戦時中の文化関係者の言動は十分に検証されていない。負の歴史を繰り返さないためにも、その言動に至らしめた背景を見極めることが必要だ。

声楽譜「育ての親」幸地

『声楽譜付工工四』の著者・世禮國男は一九三三年二月に伊差川世瑞に入門した。伊差川の歌を採譜して三五年八月には早々と『声楽譜付工工四』上巻を発刊した。一八六九年に野村流の祖・野村安趙らが編さんした『欽定工工四』は三線の楽譜のみで、歌は口伝だった。世禮は琉球古典音楽（琉楽）が「一部の人々の専有に帰してしまっている」「普及の方法が講ぜられていないからだ」と感じ、声楽譜（歌の楽譜）を誕生させた。

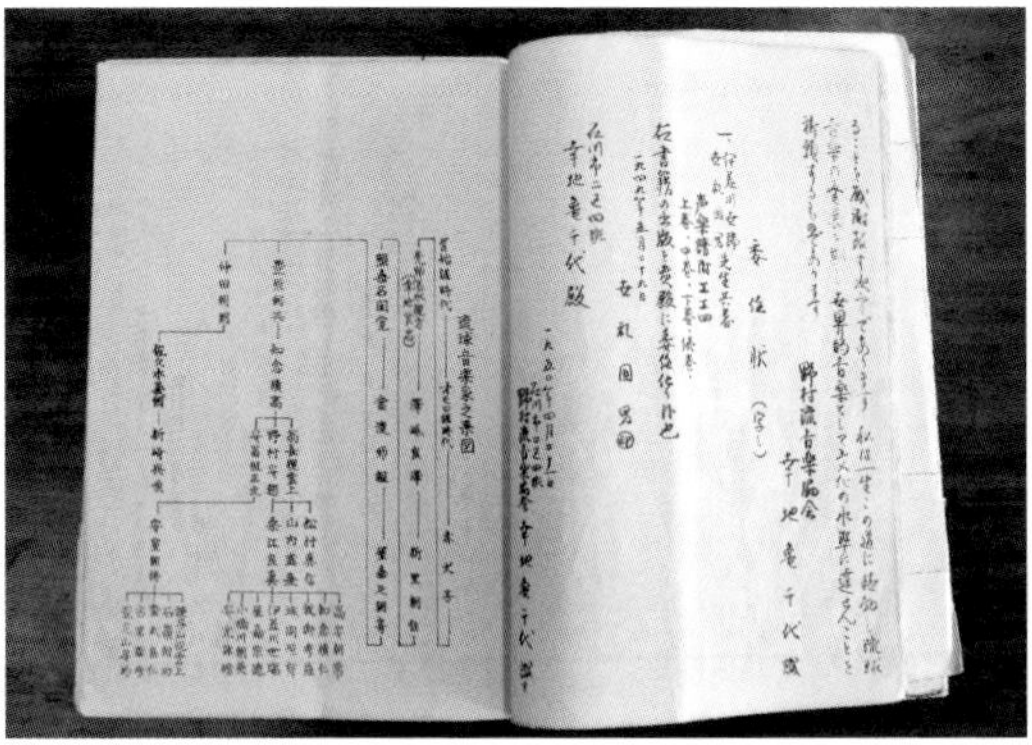
1959年発行の『声楽譜付工工四』に掲載されている再刊の委任状の写し。工工四は幸地亀千代自身が使っていた物（松川治美所蔵）

「野村先生が工工四編さんに着手されたのは六三歳の時と聞いているが、私が今年ちょうど六三歳にして声楽譜を世に出すことのできるのは何かの因縁であろう」。世禮は出版時に伊差川が語ったという感慨を『声楽譜付工工四』の自序に記している。伊差川は中巻発刊（一九三六年）後の三七年三月三日に亡くなる。原稿はできていたため、世禮は何とか下巻（同年）、続巻（一九四一年）を発刊できた。

　だが、戦禍でほとんどの工工四や楽器が焼失してしまう。終戦直後、音楽家たちは書き写した工工四を使い、伝統を絶やさないよう苦心していた。戦後の野村流の大家・幸地亀千代の親戚である松川治美は幸地が所有していた五九年発行の『声楽譜付工工四』を所蔵している。それに幸地が記した再刊までの経緯が掲載されている。当時は「焼け野ケ原に野獣のような生活を営んでいた我が郷土の人々はこの茨《いばら》の苦しい息吹き喘《あえ》ぎの中からも優雅な琉球音楽を謡歌し生活苦に幾分かの潤いを現していた」という状況だった。

　世禮は「工工四の再刊を図りたい」と考えたが、病魔に倒れた。四九年五月二十九日、世禮は病床で幸地に語り掛けた。「工工四の再刊は一切君に一任するから何とぞ私に代わって必ず達成してくれ。私にはもうその元気がない」。そして再刊の委任状を手渡した。

　幸地は快諾して回復を祈ったが、五〇年一月二十三日に世禮はこの世を去る。「元気のうちに成し遂げるのであった。ああすまない」――。幸地は強く悔やみ、同年、『声楽譜付工工四』を再刊したとされている。伊差川や世禮、幸地らの努力によって琉楽のともしびは後世に受け継がれた。

　五九年の『声楽譜付工工四』には県立第二中学時代

から世禮の同僚だった山城篤男が再刊について寄せた文章（なぜか五〇年ではなく五一年二月三日付）も掲載されている。「沖縄民族のもつ固有の歌と三味線」「琉球音楽は実にお互の血であり魂である」というくだりは、戦時中の重々しい空気から解き放たれ、沖縄のアイデンティティーを誇っている。

幸地の弟子で国指定重要無形文化財「琉球古典音楽」各個認定保持者（人間国宝）の島袋正雄は「伊差川・世禮の両師は『（声楽譜付）工工四譜』のいわば〝生みの親〟であり、普及指導を担い、さらに発展させた幸地師は〝育ての親〟といえよう」とたたえている（沖縄芸能史研究会編『琉球芸能の先達　わが師を語る』、一九九五年）。

艦砲射撃の下でも歌う

「五月雨の降れば　かわて偲ばりさ　昔森川が　すやぬ暮らし」――。幸地亀千代が戦時中、多野岳（現名護市）に避難していた時に詠んだ琉歌だ（『幸地亀千代師生誕二六年顕彰公演記念誌～感極無聲～』、二〇一三年）。自分と同じように、やんばるで一人寂しく暮らす組踊「花売の縁」の森川の子に思いをはせている。戦争のただ中にあっても、幸地は芸能のことが頭から離れなかった。

幸地亀千代

幸地は一八九六年、北谷間切（現嘉手納町）水釜に生まれた。仲宗根源和編『話題』第三号（一九五五年）によると、幼い頃から父の三線を我流で弾いていた。当時は三線への風当たりが強く、周囲から「今に親の財産を食いつぶす」と笑われたという。一八歳から本格的に古典音楽を習い、勢理客宗徳、瑞慶覧朝蒲、高安朝常、伊差川世瑞らに師事した。

戦時中は食料もほとんど持たず、「私にとっては唯一の財宝」とする三線と箏、工工四、音楽書を持って多野岳に避難した。「機銃掃射の危険が去ると直《す》ぐ三味線を壕《ごう》から取り出し艦砲射撃の轟音《ごうおん》を伴奏に一曲歌っては自らの心を慰めていた」と振り返っている。

だが、米軍が火を放ち、楽器類は焼けてしまった。「音楽に生きる男がすべての楽器類を失ったときの淋《さび》しさは、たとえようがない」。

一九四五年七月に人里に下りてほかの避難民と合流した。カンカラ三線を弾いていたが、「三日も経《た》つとこのマガイ物が嫌になり本物が欲しくなった」。小那覇全孝（小那覇舞天）と危険を避けながら、山伝いに仲尾次まで本物の三線を探し求めたという。だが仲尾次付近で米兵に見付かり、銃を突きつけられた。兵隊ではないと身ぶり手ぶりで説明したが、幸地は体格がいいので信じてくれない。幸地だけ連行されたが、英語のできる住民が「三線小弾ちゃーだ」と説明し、何とか解放された。

幸地と小那覇はどのように合流したのか。野村流音楽協会の創立五十周年記念誌（一九七四年）によると、石川にいた小那覇が用事で羽地を訪れた際、幸地に会った。石川には多くの古典音楽愛好者がいたため、小那覇は石川に幸地を呼んだという。仲尾次で三線を探したのはその頃と思われる。小那覇らの協力で幸地は石川に家を得て、十二月二十七日に石川に転居したと記されている。その直前、幸地は石川の城前初等小学校で催されたクリスマス演芸大会に出演した。

一方、又吉康誠著『沖縄三味線名器　開鐘の由来』には、羽地にいた幸地亀千代が沖縄諮詢会の設立祝賀会に招かれた際、神谷乗慶という古典音楽を通じての知人から懇願され、石川に転居したと記されている。

川平朝申著『終戦後の沖縄文化行政史』によると、幸地は四七年四

クリスマス演芸大会に向けた試演会とみられる写真。幸地亀千代（右端）の三線は蛇皮のようにも見える＝東恩納博物館（琉米歴史研究会提供）

月の沖縄民政府創立一周年芸能大会で、戦後初めて「本物の三線」を弾いた。「泣かんばかりに感激した」という。民政府芸術課長だった川平が父の愛用していた蛇皮の三線を台湾から持ち帰っており、幸地に貸したのだ。一方、四五年のクリスマス演芸大会に向けた試演会とみられる写真（四六年撮影の可能性もある）にも幸地の姿がある。それでは幸地の三線は蛇皮のようにも見えるが見た目を似せていたのだろうか。

幸地と光裕、松劇団で絆

幸地亀千代は一九四五年末に現名護市羽地地域から現うるま市石川に移った後、松劇団の地謡を務めた。松劇団は沖縄民政府直営の三劇団の一つだ。団長は島袋光裕だった。光裕の息子光晴は「周囲の大人たちが幸地先生の声の高さに驚いていた。他の人はなかなかついていけなかった」と高音の美声を振り返る。

幸地は四九年五月ごろに那覇に移るが、その後も光裕との交流は続いた。光裕がおはこの「波平大主道行口説」を踊るときは「あなたのものは私が弾こう」と地謡を務めたという。光晴は「幸地先生は（歌の）打ち出しが見事で柔らかさと強さがあった」と語る。

島袋正雄、富川盛良、山内昌行は師範免許を授与された際、幸地に「感極無聲」という書を贈った（『幸地亀千代師生誕一一六年顕彰公演記念誌〜感極無聲〜』）。これは光裕による書で、二人の友情が感じられる。

幸地は那覇に移って間もない四九年七月、与那覇政牛、友寄隆賀、西島宗二郎、屋嘉宗勝らと野村流音楽協会再建総会を開いた。与那覇は会長、幸地は副会長に就任する（顕彰公演記念誌）。一方、『野村流音楽協会創立五十周年記念誌』（一九七四年）には四八年ごろに石川で再建総会を開いたとの証言もある。

西島は戦前から幸地と演奏活動をしていた仲だ。沖縄芸能史研究会編『琉球芸能の先達　わが師を語る』では西島が羽地にいた幸地を石川に案内したとされている。一方、五十周年記念誌では羽地に幸地を数回訪ねたが、そのうち幸地がいなくなり、再び捜しているうちに石川に来ていることを知ったという。いずれにせよ、西島が野村流の再建は幸地の協力がないと実現できないと考え、捜したのは確かなようだ。

地謡工工四も執筆

幸地は『声楽譜付工工四』の再刊に続き、一九六〇年代に『組踊地謡工工四』と『舞踊地謡工工四』を執筆、発刊した。これらは琉球芸能の普及に寄与し、今も使われている。

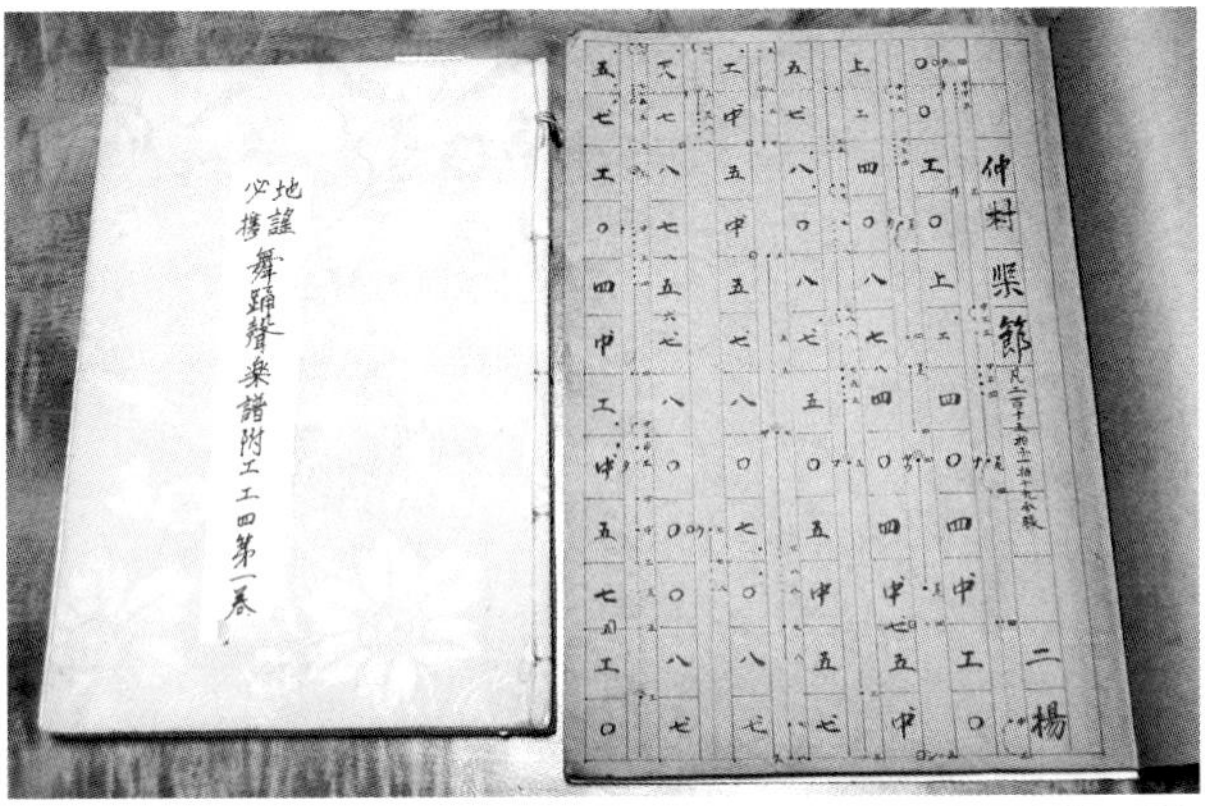

幸地亀千代がさまざまな曲を独自に編さんした工工四（右）と直筆の「舞踊地謡工工四」第１巻（松川治美所蔵）

幸地が残した直筆の工工四には安冨祖流の「仲風節」「述懐節」や湛水流、八重山古典民謡などを独自に編さんした物もある。幸地は三三歳には『声楽譜付工工四』全巻の曲を覚え、「人の知っている節を全部ものにしないと収まらない」性分だった（仲宗根源和編『話題』第三号）。

五〇年代、幸地は那覇市のひめゆり通りにあった宮里春行の研究所を訪ね、安冨祖流の曲を習ったという。宮里の弟子である照喜名朝一は「幸地先生が安冨祖流を習ったことは聞いていたが、工工四を残していたのは知らなかった」と驚く。

幸地の親戚の松川治美は「幸地は百年に一人の天才といわれるが、毎朝四時に起きて研究していた」と努力家の側面を指摘する。世界中の実演家、研究者に役立ててもらおうと、松川は幸地の直筆工工四をインターネット上で一般公開した。将来は才能ある若手の古典音楽実演家、研究者に贈る「幸地亀千代賞」を創設したいと展望を描く。

ラルー、世界に沖縄紹介

終戦直後、琉球芸能に理解を示し、復興を支援した米軍関係者としてはウィラード・A・ハンナ少佐が知られる。だが、ハンナ以外にも芸能家たちと交流した男がいた。海軍中尉として沖縄を訪れていたヤン・ラルー（ジャン・ラルー、ゼーン・ダール）だ。幸地亀千代に歌三線を師事し、帰国後に琉球古典音楽の研究成果をハーバード大の博士学位論文（一九五二年）にまとめた。世界的に権威のある『ニューグローブ世界音楽大事典』（一九八〇年）でも琉球古典音楽を紹介した。

ヤン・ラルー（ジョン・サイモン・グッゲンハイム記念財団ホームページより）

　仲宗根源和編『話題』第三号によると、幸地とラルーが出会ったのは一九四五年十一月。沖縄民政府の当山正堅文化部長を通じ、ラルーが現名護市田井等に幸地を訪ね、指導を仰いだ。ラルーは幸地が驚くほど覚えが早かった。さらに幸地の歌を五線譜に採譜した。だが「琉歌独特の突吟や大掛、ユルシジンなどにぶつかると、とても（採譜に）苦しんでいた」という。

　一年ほどで帰国したが、沖縄滞在中は幸地と一緒に各部隊を回り、三線を演奏することもあった。ラルーは演奏前に必ず琉球音楽の良さを将兵たちに説明した。「沖縄は小島であるが文化的に非常に豊かな国だ」と称賛したという。

　四九年十二月十五日付うるま新報によると、ラルーは沖縄民政府の山城篤男教育部長を通じて世禮國男とも知り合い、共に古典音楽を研究した。帰国後も米国から紙とインクを送り、世禮の「研究発表の刊行を援助」した。『声楽譜付工工四』再刊のことかもしれない。その後はニューヨーク大教授などを歴任した。西洋音楽理論の研究で大成し、二〇〇四年に亡くなった。

　『世界音楽大事典』では琉球独特の記譜法である工工四や楽器、歌の構造などを紹介している。だが工工四を「ｋｕｋｕｓｈｉ」と表記するなど間違いもある。写真も米軍支給とみられる服で演奏している四五年ごろ撮影の物が二〇〇一年の第二版発刊まで使われていた。第二版では英国人の琉球古典音楽研究者・実演家、ロビン・トンプソンが全面的に書き換えた。トンプソンはラルーの博士論文についても「沖縄文化の知識がなく、沖縄学の研究を引用していない。初めて西洋音楽の理論を活用して沖縄音楽を研究したのは画期的だったが、今の基準では物足りない」と指摘する。

琉球古典音楽野村流音楽協会は二〇一六年六月からラルーの博士論文の翻訳と関連資料の調査に取り組んでいる。中心となっている仲尾善勝によると、ラルーは世禮や幸地の歌を録音したり琉球舞踊の映像を撮影したりもしたという。発見されれば貴重な史料だ。仲尾はラルーの再評価によって、その学術的成果を活用するだけでなく、沖縄とニューヨーク大との交流や琉球芸能の海外発信にもつながるのではないかと展望している。

シベリアに響いた「浜千鳥」

一九四五年十二月中旬、ソ連によってシベリアに抑留されていた琉球古典音楽家の宮里春行は収容所でカンカラ三線を弾いていた。栄養失調と重労働に苦しむ仲間を音楽で慰めようとしたのだ。「旅や浜宿り、草の葉の枕……」。「浜千鳥」を歌いだしたが、涙声になり、歌えなくなった。「シベリヤの密林の中で、草葺《ぶき》の山小屋に草を敷いて寝起きしている現実が余りにも強く思い当たり、声が出なくなっていた」。宮里が所属した部隊の回顧録『藍のほまれ　旧満州第七〇〇〇部隊将兵の記録』（一九八二年）で振り返っている。

宮里は一九一一年、旧知念村に生まれた。自身がまとめた「歌三線と私」という経歴書によると、県立農林学校二年の時に先輩から野村流を習ったのが琉球古典音楽との出合いだ。三二年に安冨祖流の大家・古堅盛保に入門した。意外だが、当時は村の先輩に「声は大きいが（歌に）味がない」と笑われたという。

四一年七月に召集され、満州で警備などの任務に就く。戦地でも工工四を持ち歩いていたが、戦闘の混乱で荷物を載せた馬ごといなくなってしまった（宜保榮治郎著『三線のはなし』、一九九九年）。『藍のほまれ』によると、四五年八月、行軍中にソ連の爆撃機が超低空で襲ってきた。左肩に衝撃を受け、塹壕《ざんごう》に逃げ込んだ。幸い弾はかすっただけで戦死を免れた。野戦病院に収容されていた同十八日、ソ連軍に武装解除された。五日後にソ連領に連行されたが、負傷兵らが途中で行き倒れ、「死の行軍」だった。

場所を転々とし、九月二十七日にチグローワヤ（虎が出没するという意味）という集落に着いた。川で赤いふんどしを洗っていると、現地の娘がたばこと交換するよう頼んできた。不思議に思っていると、娘はふんどしを頭にかぶってほほ笑んだ。スカーフと勘違いしていたのだ。チグローワヤで捕虜たちは密林の伐採をさせられた。食事は「塩汁に飯粒が泳いでいるだけの雑炊と黒パン」。栄養失調の者が続出した。

宮里は折れた木がすねに当たってけがをし、作業に行けなくなった。「仲間がうなだれているのに寝てばかりではいられない」とカンカラ三線を作り、皆を励まそうと思ったという『藍のほまれ』ではけがにまで触れられていないが、宮里の弟子の照喜名朝一が本人から聞いた話だ。『藍のほまれ』によると弦はワイヤーを用いたが、『三線のはなし』では馬の尾を用いたとされている。

カンカラ三線とはいえ、久々に演奏した宮里。「金属の音律は心の奥深くひびいてくる様に感じた」。他の棟からも捕虜たちが集まり、歌い始めた。ソ連の監視兵も宿舎に入ってきて、ダンスを始めた。「私は捕虜であることも忘れ、全身に歓喜の波が音を立て押し寄せるのを感じとっていた」。ソ連兵と捕虜が入り交じって踊る姿を見て、宮里は「音楽に国境はない。平和の集いだ」と感じた。

病越え安冨祖流を普及

戦後、ソ連によってシベリアに抑留されていた琉球古典音楽家の宮里春行は森林伐採作業の成績がいいため、収容所の所長にも気に入られた。春行は所長を通して馬皮を手に入れ、カンカラ三線より本格的な三線と太鼓を作った。宿舎を回って仲間を励まし、所長から「ハラショー」とたたえられたという（『藍のほまれ　旧満州第七〇〇〇部隊将兵の記録』）。後に息子の辰秀も県外から訪れた春行の戦友たちに「お父さんに癒やされた」と感謝された。

一九四八年、春行は作業中に右足を骨折し、医師に折れた部分から足を切り落とすと告げられた。「演奏の時は正座するので片足でも失ったら舞台出演ができ

宮里春行（前列右から４人目）と師匠の古堅盛保（同５人目）、弟子ら。研究所の新年会の記念写真＝1959年１月３日、那覇市の宮里春行安冨祖流音楽研究所（宮里辰秀提供）

なくなる」。春行は必死に説得し、切断を免れた。作業隊長に「ソ連に永住しないか」と誘われたが断り、同年に念願の帰国が決まった。

抑留されていたチグローワヤからナホトカを経て長崎県佐世保へ。佐世保の収容所でハワイから引き揚げてきたお年寄りが蛇皮の三線を持っていた。出征から八年ぶりに本物の三線を弾いた春行は「愛妻を抱擁したようで感無量だった」。

引き揚げ船は四九年に金武湾に入港し、旧暦元旦に故郷の旧知念村久手堅に戻った。家屋は戦争で焼かれ、山は艦砲射撃で痛ましい姿になっていた。「人のカンパチは昔からあしが　山のカンパチは今度初め」。思わず琉歌を詠んだ。

トラックから春行が降りると、集落中の人が囲んで再会を喜んだ。辰秀は春行が出征した半年後に生まれたので、父の顔を見たことがなかった。「あの人がお父さんなんだ」。遠くから春行を眺め、家に向かう行列の一番後を歩いた。家に着くと、春行は初めて辰秀を抱っこした。『藍のほまれ』で「胸がつまって言葉も出ず、涙はとめどもなく流れ出した」と記している。

米軍政府の指令で設立された琉球列島米穀生産土地開拓庁に同年就職し、五一年には安冨祖流音楽研究所を開いたが、今度は胸膜炎に襲われた。医院で生死の境をさまよっていると、枕元で古堅盛保師匠の声が聞こえた。「安冨祖流がサニヂリ（途絶）してしまう。死なせてはいけない」。意識を取り戻した春行は生き延びて安冨祖流を発展させると心に誓った。

健康を取り戻した後、土地開拓庁を依願退職した。九二年に亡くなるまで三線屋を営みながら弟子の育成に専念した。生活は苦しかったが、辰秀は「芸を極める人は何かを犠牲にしなければいけない。父がいなければ今の安冨祖流はなかった」と誇りに思っている。

春行は岸本吉雄、大城助吉、照喜名朝一、西江喜春、金城武信、大湾清之ら優秀な後継者を育て、安冨祖流の隆盛の礎を築いた。弟子に「歌の道学で　人の道悟て　優る弟子育て　浮世渡れ」という琉歌を贈り、「自身より優れた弟子を育てよ」と激励した。照喜名は「先生の琉歌をモットーに進んでいる」と力を込める。

宮里の卓越した指導力

戦後、多くの優れた弟子を育て、安冨祖流隆盛の礎を築いた宮里春行。その指導法は、どうすれば弟子が教えを受け取れるか手を尽くす情熱的なものだった。弟子の一人、照喜名朝一は「先生は歌を釣りざおのしなりやタコ、チョウなどに例え、分かりやすかった。私も先生の教えを守って指導している」と話す。

当時は指導法を広く公開する時代ではなく、宮里は照喜名に「こういうのを企業秘密というのだ。芸も同じだ」と語ったという。一九五九年に照喜名ら門下生五人が沖縄タイムス芸術祭の新人賞を受験し、全員合格した。照喜名は「あの頃、一つの研究所から五人合格するのはあり得ないことだった。企業秘密のおかげだ」と笑う。五八年からは「鑑賞会」と題して宮里研究所の公演が始まり、一五回以降は安冨祖流絃聲会全体の鑑賞会に発展した。

宮里は古典音楽はもとより、舞踊・組踊の地謡や創作舞踊・組踊・芝居の選曲・作曲などに多彩な才能を発揮した。若い弟子たちにも各舞踊研究所の地謡をさせて鍛え、安富祖流に対する厚い信頼を得た。

琉球舞踊の重鎮、金城美枝子（玉城流扇寿会家元）も中学から宮里に歌三線を習った。高校に進学し、舞踊で芸術祭を受験する時に宮里が地謡をしてくれることになった。そのころ、舞踊の稽古では初代玉城盛義師匠もよく弟子の地謡をしていた。本来、踊り手は歌持ち（前奏）を聞きながら、歌が始まるところで歩みを止めて立つ。だが玉城は弟子の踊りに合わせて歌い出してくれたので、金城もそういうものだと思っていた。「宮里先生が地謡をしてくれた時、私が立っても歌が始まらないので不思議に思った。それからちゃんと歌持ちを聞いて踊るようになった」と笑う。

宮里春行（後列右）と師匠の古堅盛保（同中央）、弟子の照喜名朝一（前列左から２人目）ら。沖縄タイムス主催の芸術祭で新人賞を受賞した時の記念写真＝ 1959 年（宮里辰秀提供）

宮里は一九六五〜七七年に大掛かりな沖縄芝居で一世を風靡《ふうび》した「沖映演劇」の音楽も担当した。沖映で活躍した役者の伊良波冴子も宮里に師事した一人。伊良波はある歌劇で「百名節」を歌うことになり「古典は歌えない」と地謡に頼もうとしたが、宮里は「役者本人が歌った方がいい」と歌三線を指導した。「『私が手を上げたら歌も上げなさい』と言うので、手のまねをすると本当に歌えた。自分でも不思議だった」。伊良波は沖映の仕事の合間に宮里と弟子の岸本吉雄に習い、琉球古典芸能コンクールの最高賞まで受賞した。

宮里は他にも安富祖流工工四にある全曲の録音など重要な功績を残し、九二年に八二歳で生涯を終えた。

実は息子辰秀によると、宮里が三線を始めた嘉手納の県立農林学校時代、近所に住んでいた伝説の空手家チャンミー小（喜屋武朝徳）に「空手と三線のどちらを習った方がいいか」と尋ねたという。チャンミー小の答えは「三線をしなさい」だった。なぜ三線を勧めたのか今となっては分からないが、才能を見抜いていたのかもしれない。

盛竹、戦中も箏離さず

玉城盛重は戦前の琉球舞踊・組踊の巨星として知られるが、琉球箏曲の大家でもある。盛重の系統を受け継いだ箏の名人に仲嶺盛竹がいる。一九三六年に日本民俗協会が東京の日本青年館で開催した「琉球古典芸能大会」に出演するなど戦前から活躍した。終戦直後の四五年十二月に石川市（現うるま市石川）の城前小学校で開かれたクリスマス祝賀演芸大会にも出演し、〝鉄の暴風〟に打ちのめされた県民の心を癒やした。

盛竹は士族の家系で一八九八年、首里に生まれた。親戚が集まると「忠臣身替の巻」などの組踊を演じ、

終戦直後、東恩納博物館で演奏する（左から）板良敷朝賢、仲嶺盛竹、宮平政英、幸地亀千代ら＝1945～46年（仲嶺貞夫提供）

芸能に理解のある家庭環境だったという。子どもの頃から父に歌三線を習い、後に伊差川世瑞に師事した。箏は二〇歳から盛重に師事し、舞踊も習った。県鉄道局に勤めながら芸の研さんを積んだ。一九三四年には箏曲教室を開設した。三六年の東京公演では盛重や安冨祖流の大家・金武良仁らと共に箏を演奏したという。尚家の御茶屋御殿にも招かれ、箏を演奏した。

父盛竹の箏を演奏する仲嶺貞夫＝2017年、那覇市の自宅

「箏は一生涯の友」が口癖だった。戦時中も箏を抱えて羽地村源河（現名護市源河）の山中に逃げた。石川に移った詳しい時期は不明だが、他の役者や音楽家と同様、住民や米軍の慰問のために軍政府に集められたと思われる。クリスマス祝賀演芸大会で上演された代表的な演目は組踊「花売の縁」だ。民衆は散り散りになった家族が再会する物語に自身の境遇を重ねた。盛竹は息子の貞夫に「観衆が皆感激して泣いている姿が印象に残った」と話したという。

その後も芸能復興の一翼を担い、七〇年に七二歳で死去した。生前、「平和でないと音楽はできない」とよく口にしたという。貞夫は「戦中戦後の苦しい時期を生き延び、強く実感していたのではないか」と察する。戦時中も離さなかった箏は床の間に飾られ、貞夫に受け継がれた。今も弾くことができる。

盛竹の指導法はいくつか特徴がある。貞夫が最初に言われたのは「ぐりーから習ーさやー（礼儀作法から教えよう）」。実技の指導では弟子の右手をつかみ、体で演奏法を覚えさせた。貞夫は「玉城盛重先生が舞踊を教える時は弟子が女性であってもガマク（腰）を押さえて指導したと聞いた。盛竹はその指導法を受け継いだのではないか」と指摘する。盛竹は盛重から「船頭節」の「下げ歌い」という貴重な歌い方も継承していた。貞夫も盛竹の芸と指導法を受け継ぎ、後進の育成に当たっている。

仲嶺盛竹の遺品写真

「加那よ一天川」を踊る玉城盛義（右）と我如古安子。ひしゃくは空き缶で作られているように見える

「馬山川」を踊る比嘉政光（前列左端）、備瀬知源（同左から２人目）、親泊興照（同右端）ら

琉球箏曲の演奏家・仲嶺盛竹が残した戦前や終戦直後の貴重な写真を息子の貞夫が保管している。盛竹は米軍政府によって石川市（現うるま市石川）に集められた役者、音楽家らと共に住民や米軍の慰問に取り組んだ。遺品の写真からは物が不足する中で工夫しながら上演していた様子や芸能復興の息吹がうかがえる。

島袋光裕が「かぎやで風」を踊っている写真の枠には盛竹の筆跡で「一九四六・二」と書かれており、一九四六年一月に撮影されたと推測

「かぎやで風」を踊る島袋光裕。地謡は左から不明、宮平政英、幸地亀千代、仲嶺盛竹、又吉全敬。地謡の背後に米兵が見える。仲嶺盛竹の筆跡で写真の枠に「1946.1」と書かれている（写真は全て仲嶺貞夫提供。名前は島袋光晴らの記憶による）

できる。地謡の背後には米兵の姿があり、壁には英語が書かれている。場所は不明だが、光裕の息子光晴によると、嘉手納基地やライカム（琉球軍司令部）など本島中部でよく慰問をしたという。舞台で踊っている他の写真も建物の構造から同じ場所、同じ日と思われる。この舞台の写真は沖縄県立博物館・美術館も所蔵しており、米軍が撮影したというが、詳細は不明だ。

舞台の背景には「謝名城」と書かれた幕が掛けられている。光裕の自伝『石扇回想録』には、公演をするため、日系二世の米兵が大宜味村謝名城の幕や衣装などを持ってきたという記述がある。写真の幕がそれかもしれない。ただ、謝名城区は「このあたりは稲穂の幕が多く、写真のような鳳凰《ほうおう》の幕はあまり見たことが

「浜千鳥」を踊る女性たち。
中央は上原栄子

猿役の比嘉幸子（左）と猿引役の備瀬知源（左から２人目）

ない」としている。

地謡は盛竹に加え、幸地亀千代らの姿がある。笛の男性は又吉全敬で、「ンムニーターリー」と呼ばれていた。光晴は盛竹について「よく『沖縄の芸能は品格が大切だ。品格をつくるのは人格だ』と語っていた」と懐かしむ。

「加那よー天川」で使っているひしゃくは空き缶で作ったように見える。光晴は「何もない時代なので工夫している。『馬山川』の醜男の髪形も本来ならカタカシラだが、かつらがなかったのではないか」と指摘する。「浜千鳥」で髪をサージで覆っているのは髪が短いときにそうするというが、あるいは本来の紫長サージがなかったのかもしれない。

猿の踊りは組踊「花売の縁」の抜粋だ。米兵は沖縄の言葉が分からな

沖縄芸能連盟の役者、音楽家ら。写真の枠に仲嶺盛竹の筆跡で「1946. 5（於て東恩納博物館」と書かれている

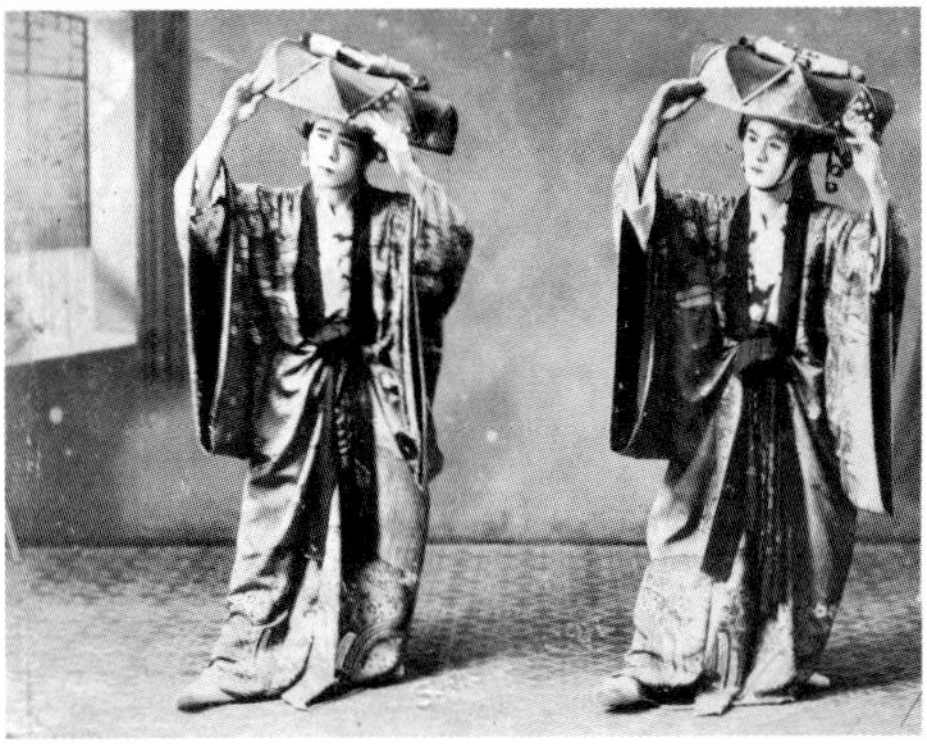

女踊（伊野波節か）を踊る戦前の仲嶺盛竹（右）

いため、踊りだけ抜粋した。猿役は「沖縄デブ」の愛称で人気を博した比嘉政光の娘幸子だ。幸子は「当時はよく猿を演じた。米兵がかわいがってお菓子をくれた」と証言している。

東恩納博物館（沖縄陳列館）での役者や音楽家らの集合写真は『石扇回想録』にも載っている有名な物だ。『石扇回想録』では一九四五年十二月のクリスマス祝賀演芸大会に向けた試演会と説明されているが、盛竹が残した写真には本人の筆跡で「一九四六・五」と書かれている。写真が撮られた時期について検証が必要ではないか。

同館で撮られた写真は複数ある。地謡の服装が違うため、撮影日が異なる、つまり同館での試演会・公演は数回あったと推測される。

異郷の地で

尹吉、琉舞にバレエ要素

雑踊「浜千鳥（チヂュヤー）」は旅愁をつづった歌詞としっとりとした曲、振り付けで人気が高い。沖縄芝居の名優・伊良波尹吉《いんきち》が創作した舞踊「南洋浜千鳥」は「浜千鳥」をリズミカルな曲調に変え、洋舞のような斬新な振りを付けた。尹吉が巡業先の南洋群島で見たバレエに影響されて作ったと伝えられる。誕生から七十年以上たった今も異彩を放つ。

立教大アジア地域研究所の報告書『21世紀海域学の創成「南洋」から南シナ海・インド洋・太平洋の現代的ビジョンへ』によると、沖縄芝居の一座が初めて南洋で巡業したのは一九三一年とされる。県人会の招きで平良良勝、我如古弥栄、親泊興照、翁長小次郎の一座が来たという。次は三二年の渡嘉敷守良のテニアン

伊良波尹吉（伊良波さゆき提供）

巡業だ。戦前はサイパン島、テニアン島などに複数の劇場があり、サイパンの南座とテニアンの朝日劇場（後の球陽座）が沖縄芝居専門劇場だった。両劇場も二百席ほどあったという。

尹吉は一九三三年から四〇年まで南洋で巡業している。同じく役者の弟子尹徳を含む家族四人と弟子二人を連れていた。サイパン島の市街地ガラパンにあった南座をはじめ、テニアン、パラオなどで巡業した。

四〇年当時、南洋にいた沖縄出身者は約五万人とされる。沖縄芝居はヤマトからの移民というより、故郷を懐かしむ沖縄移民のために上演されていた。そのため、現地の文化の影響を受けた舞台作品はそれほど生まれなかった。

その中で尹吉は「南洋浜千鳥」「南洋天川」という作品を残している。八重山古典民謡「鳩間節」をアップテンポにして舞踊を振り付けたように、巡業先の芸能を積極的に取り入れる性格が表れている。尹吉の娘冴子によると、「南洋天川」はもともと踊りだったというが、振り付けは伝わっていない。

当時、尹吉は幼い長男尹正を交通事故で失い、ふさぎ込んでいた。五〇歳を過ぎて生まれた待望の長男だった。ある夜、尹吉の妻カメが寝ていると、尹吉が突然歌ったり踊ったりし始めた。カメは「頭がおかしくなってしまった」と思ったが、尹吉は曲と振り付けを考えていたのだ。それが「南洋浜千鳥」だった。冴子は「お父さんは作曲と振り付けが同時にできた。寝ないでそればかり考えていたのではないか」と話す。

「南洋浜千鳥」はサイパンで尹吉に師事した役者の伊舎堂正子が習得した。戦後は正子から娘の千恵子と舞踊家の佐藤太圭子に受け継がれた。戦後、尹吉が豊年祭を指導した名護市久志区でも受け継がれている。

「南洋浜千鳥」は創作の琉舞にもかかわらず、ドレ

「南洋浜千鳥」を踊る伊舎堂正子。この時はドレスではない（『伊舎堂正子芸歴六十五周年記念公演』冊子より）

スを着たのが他にない特徴だ。冴子によると、尹吉は南洋で料亭の踊り子にも指導していた。ハワイなどから来た客もいたため、洋風にしたという。現在、舞踊家が「南洋浜千鳥」を踊る際はドレスを着ないが、久志ではドレスで踊る。舞踊家は一人で踊ることも多いが、冴子によると当初は群舞だったという。斬新な衣装と振り付けから「ダンス・チヂュヤー」とも呼ばれ、人気を博した。

尹吉の芸継いだ正子

沖縄芝居の名優伊良波尹吉から「南洋浜千鳥」などの舞踊を教わり、戦後に広めたのが役者の伊舎堂正子だ。娘の千恵子や舞踊家の谷田嘉子、金城美枝子、佐藤太圭子らが受け継いだ伊良波の舞踊は、特徴的な振りと芝居心で観客の心をつかんで離さない。

正子は那覇市上之屋に生まれた。辻に売られ、下働きをしながら舞踊、歌三線、箏などの芸事を習った。九歳で玉城盛義に「くてぃ節」を習い、一一歳の時には役者の仲井真盛良に付いて離島を巡業したという。

南洋群島に渡ったのは一九三〇年だ。一～二年後にパラオからサイパン島に移り、伊良波から舞踊を教わった。

伊良波が正子に教えた踊りは「南洋浜千鳥」「鳩間節」「取納奉行」「加那よー天川」「金細工」「越来節（越来よー）」。背筋を伸ばすため背中に板を入れ、できるまで何回も繰り返す厳しい指導だった。伊良波自身はダイナミックな足運びだったが、正子は体が小さいため、細かいステップを編み出した。

正子の芝居の師匠は翁長小次郎だ。正子は一九三六年に翁長と結婚し、伊良波が媒酌人を務めた。翁長の親を見舞うため、四〇年に二人は石垣島に帰る。その後翁長は召集され、正子は芝居道具を防空壕に隠し、留守を守った。千恵子が聞いた話では、正子が防空壕に隠れていると、目の前に爆弾が落ちたこともあったという。翁長は四五年に復員し、宮古で興行した。その後離婚したが、正子は翁長を師匠として仰ぎ続けた。

正子は五〇年に沖縄本島に移り、梅劇団を経て乙姫劇団に入った。名脇役として活躍し、特に「親子鳥」でのの殿内のンメー役、「女房心得帳」のしゅうとめ役が当たり役とされる。「女房心得帳」のしゅうとめは翁長の母がモデルだという。

千恵子は母について「読み書きはできないが、芸事には努力を惜しまない。バイオリンやウクレレを自己流で習得し、芝居の地謡で使ったこともあった。遊ぶのも好きでダンスホールで社交ダンスを楽しむ一面もあった」と振り返る。

正子は千恵子を甘やかしたが、伊良波同様、芸には厳しかった。千恵子が「ちゃー木の精」の子役を務めた時、泣く演技ができるまで稽古させられた。サービス精神も大切にしていた。千恵子が踊っていると、上手の舞台袖に立って「笑って。お客に愛嬌《あいきょう》を振りまいて」と身ぶり手ぶりを交えながら教えたという。

千恵子は同じく乙姫にいた冨里敬子と共に、伊良波や乙姫の作品を受け継いでいる。「母は観客との密接な関係で成長してきたから大衆が喜ぶ踊りができた。次の世代につなげていきたい」と語る。

「鳩間節」を踊る伊舎堂正子（『伊舎堂正子　愉しく踊る』公演冊子より）

尹吉、久志で踊り指導

二〇一七年一月二十二日に浦添市の国立劇場おきなわで開催された「沖縄本島民俗芸能祭」。名護市久志区は舞踊「南洋浜千鳥」を披露した。一九四七年に久志の旧盆七月踊り（豊年祭）が復活した際、指導者として招かれた伊良波尹吉が伝えた演目の一つだ。久志で「南洋浜千鳥」を初めて踊ったのは比嘉富士子、島袋俊子、棚原八千代。当時は島袋が一八歳、棚原が一七歳だった。

棚原らによると、久志の地謡・比嘉英仁《ひでひと》は戦前から

最初に南洋浜千鳥を習った棚原八千代（中央）、島袋俊子（右）と久志区芸能保存会の比嘉清隆委員長＝ 2017 年、名護市の久志公民館

南洋で尹吉と親交があった。英仁は安冨祖流の音楽家。棚原は「この人の地謡は踊りやすかった。歌に情けがあった」と振り返る。

島袋と棚原は「村の地謡は厳しかった。点呼に一分でも遅れるとみんなの前に出されて最敬礼。伊良波先生も練習では厳しかった」と口をそろえる。「後ろから頭をつかまえられたり、しゃがむのが弱いと膝の裏を押されたりした。泣く子もいたよ」。

稽古と本番は現公民館近くにあった青年クラブの舞台で行われた。尹吉は舞台で指導し、踊り手は自分の順番を待つ間に尹吉の妻カメ、息子晃、娘冴子からも指導を受けた。

戦前、久志では男性しか豊年祭に出られず、一九四七年に初めて女性も出られるようになった。二人ともそれまで古典音楽を聞いたことがなかった。島袋は「（歌詞が分からないから）一、二、三で数えて振り付けを覚えた」と振り返る。琉舞を踊ったことがないので「南洋浜千鳥」が変わっているとも感じなかった。

独特の衣装はハワイ帰りの女性から黒いロングドレスを借りた。三人で考え、たばこの銀紙を縫い付けて飾った。頭に巻く赤い布は和服の「帯揚げ」だ。紡績工場の出稼ぎから帰ってきた女性から借りた。頭の斜め前で小さくちょう結びをした。腰に巻く布は七五三用の長い帯を使った。足袋はドレスに合わないのでストッキングを借りた。物がないので、古典舞踊の前花（髪飾り）はサルスベリやハイビスカスなど本物の花を挿した。「顔に花の水が垂れてきた」と笑う。

指導は厳しかったが、二人は「青春なので楽しかった。戦後初の豊年祭だし、評判は良かった」と誇らし

「南洋浜千鳥」を踊る（右から）比嘉さつき、比嘉琴乃、比嘉茜
＝ 2017 年 1 月 22 日、浦添市の国立劇場おきなわ

げに語る。一方、尹吉が教えたが現在は継承されていない演目もある。「三人ミヤラビ」は毛遊びをする男女を村頭が捕まえる舞踊劇だ。『字久志芸能誌』（同編纂委員会、二〇〇五年）に載っていないが、「越来よー」も教えたという。

「南洋浜千鳥」の型は最初と比べて「少し変わっている」と感じているが、おおむね七十年間守り続けられている。棚原が「大きな劇場にも招待されて素晴らしい。ずっと継承してほしい」と話すと、島袋は「若かったら国立で踊ってみたかった」と笑った。

戦越え家族と再会

沖縄芝居の名優伊良波尹吉は一九三三年から一九四〇年まで南洋のサイパン島などで巡業した後、沖縄に引き揚げた。故郷の大里村与那原（現与那原町）で興行を始めたが、戦禍による家族離散という苦難が待ち受けていた。一九四四年の十・十空襲後、尹吉と家族は与那原から大宜味村に疎開した。疎開先でも踊りを指導したという。そのうち「戦争は終わった」と

戦前に撮影された伊良波家の家族写真。左から冴子、カメ、尹吉、晃（『伊良波尹吉生誕百二十年祭記念公演』冊子より）

うわさが流れ、南部に帰ることにした。

他の多くの家族と一緒だったため目立ったのか、米軍機の機銃掃射に襲われた。尹吉の妻カメは混乱の中でも息子晃、娘冴子の手を離さなかったが、尹吉とはぐれてしまった。カメら三人は再び南へ向かったが米軍に保護され、具志川村（現うるま市）高江洲にあった収容所に収容された。

一方、尹吉はインヌミ収容所（現沖縄市）に収容されていた。ある日、カメらは「伊良波尹吉がインヌミで『高平良万歳』を踊っていた」という話を聞いた。尹吉は「踊っていれば誰かが知らせて家族と再会できるのではないか」と考え、収容所の住民に舞踊を見せていたのだ。四人は数カ月ぶりに再会を果たした。冴子は「死んでいると思っていたのでびっくりした。声も出ない。抱き合って泣いた」と振り返る。

尹吉は一九四六年に沖縄民政府が発足させた松竹梅三劇団のうち、梅劇団の座長を務めた。南部を中心に巡業し、戦で多くを失った住民を癒やした。五〇年には病気を患って出演できなくなり、梅劇団は解散した。五一年八月二十五日、冴子がいつものように腰をもんだ後、眠るように息を引き取った。享年六十五だった。

戦後、冴子はカメを「またサイパンに行ってみよう」と誘った。だがカメは「悪い思い出があるから行かない」と断り、実現しなかった。南洋時代、尹吉とカメは長男を交通事故で、末っ子の三男を病気で失っている。島に治療できる医者がいなかったという。

尹吉らが引き揚げた後、一緒に役者をしていた弟の尹徳はサイパンに残った。当時、住民は「敵に捕まったら大変な目に遭わされ、殺される」と信じていた。四四年のサイパンでの激しい地上戦で尹徳は自ら命を絶ったという。

六五年五月九日付琉球新報の評伝によると、尹徳は那覇市立商業学校を卒業したインテリ役者だ。冴子はカメから「尹徳は女形が上手だった」と聞いた。尹徳は琉球箏曲興陽会初代会長の仲里陽史子に師事し、箏を弾くこともできた。尹吉の作った沖縄芝居「音楽家の恋」で箏を弾く妻は尹徳にあてた役だ。組踊の大作「大川敵討」では主役級の乙樽を演じたという。

尹吉の南洋時代の代表作である舞踊「南洋浜千鳥」は長男を失ったころに創作されたとされる。軽快なテンポながら、どこか悲しげな曲にも聞こえるのはそのせいかもしれない。モダンで優雅な振りの向こうに、異郷の地でたくましく生き、命を散らしたうちなーんちゅの歴史が透けて見える。

眞永、南洋の芝居が原点

沖縄芝居役者の仲嶺眞永は一九三五年、南洋のサイパン島で生まれた。幼少期にサイパンで見た名優たちの舞台が自身の原点だ。「小さいころから芝居を見ていたし、自然と好きになっていたんだろうなぁ」と笑顔で当時を振り返る。

仲嶺家は首里士族の家系だったが、父眞一は生活苦から糸満の漁師に奉公に出された。一人前の漁師として独立すると、台湾などを経てサイパンに渡った。サイパンではカツオ漁が中心で、カツオ節に加工して本土に送った。現地の島民もカツオの解体を手伝い、カツオ節に使わない頭や肝をもらったという。

眞一はサイパン島、テニアン島、ロタ島の間を運航する「浦島丸」という運搬船も持っていた。浦島丸の事務所はサイパンの市街地ガラパンにあり、近くに沖縄芝居の専門劇場「南座」もあった。南座は目抜き通りである二丁目通りに面していた。ガラパンには「サイパン劇場」もあったが、眞永の記憶では芝居ではなく映画を上映したという。

眞永は伊良波尹吉、渡嘉敷守良、翁長小次郎といった名優たちの舞台に引き込まれた。若手では民謡「南洋小唄」の作者として知られる比嘉良順らがいた。

幼い時にサイパンで見た沖縄芝居が原点だという仲嶺眞永＝2017年、仲嶺舞踊小道具店

沖縄では戦時色が濃くなるにつれ、伝統的な沖縄芝居ではなく軍事劇の上演が増えた。南洋ではどうか。眞永は「シナぬ大将蒋介石　床下潜とてぃブルブルブル」という「せんする節」の替え歌が評判だったことを覚えている。だが、それ以外は通常の演目が上演され、沖縄出身者の郷愁を誘った。「移民にとっては沖縄芝居が唯一心を休められるものだっただろう」。

学校では標準語が使われ、眞永が家で親と話す時も標準語だった。一方、親の世代は沖縄出身者同士が集まるとうちなーぐちで話し、模合もした。

敵の偵察機が近づくと警報が鳴り、タッポーチョ山の自然壕に避難した。眞永は八歳の時に家族と和歌山に疎開した。戦闘には巻き込まれなかったものの、財産を載せていた船は米軍に撃沈された。父は家族と離れてサイパンに残っていたが、何とか空襲と地上戦を生き抜いた。戦後、お互い沖縄に引き揚げた時に再会し、金武に住んだ。

一七歳の時、平安山英太郎が率いるともえ座（巴座）が金武で興行したのを機に入団した。翁長小次郎一座、ときわ座、劇団潮などを経てフリーに。ベテランとして味のある演技を見せる。師匠や先輩から教わっ

真楽座の人気俳優を写したはがき。前列左から比嘉良順、大見謝恒幸、玉城盛義、平安山英太郎、知念喜康、宮平寿郎（通称ナーレーラーガッパイ）、後列左から大宜見小太郎、金城チンコウ（珍行または珍光という）、不明、比嘉良徳、二代目儀保松男こと儀保正輝（大宜見家提供。人名は八木政男の証言による）

た小道具作りの技術を生かし、小道具店も営む。「体力の続く限りは舞台に立ち、先生方が残した財産を後輩たちに教えていきたい。脇役でも何でも買って出ているよ」。

「南洋小唄」裏に悲恋

「変わるなよ無蔵《んぞ》ん　幾里ひじゃみてぃん　文ぬ交《かゆ》わしどぅ　無蔵が情《なさき》（変わるなよ、あなたも　幾里隔てていても　手紙のやり取りこそ　あなたの情け）」―。家族や恋人と別れ、憧れの南洋へとやって来た男の心境を歌った民謡「南洋小唄」の一節だ。一九三九年にマルフクレコード（丸福レコード）から発売され、今でも多くの人の心を揺さぶる。憂いを帯びた高音の美声を吹き込んだのは作詞・作曲者でもある比嘉良順。戦前の名女形として伝えられるが、その人生は謎が多い。「南洋小唄」は良順が南洋にたつ前に想像を交えて作った歌だが、歌詞の「無蔵（男性がいとしい女性を呼ぶ言葉）」は想像の人物ではない。良順には愛し合いながらも結ばれなかった恋人が実在した。

良順は弟の良徳と共に役者として活躍した。良徳の次男・良仁（六七）によると、良徳は一九一六年ごろに生まれ、良順はその二～三歳上だという。出身は首里山川町。母ウシは放浪癖のあった夫と離婚し、帽子くまー（帽子編み）をしながら一人で子どもを育てていた。だが美人で有名だったため言い寄ってくる男が絶えず、再婚して身を固めることにした。その際、再婚相手の要望で子どもたちは連れて行かず、沖縄芝居の名優・伊良波尹吉に預けたという。二人が小学生の頃だった。ウシは子どもたちをよそに預けたことを後々まで気に病み、良仁たちにも「おばあちゃんを恨まないでね」と口にした。だが家族も「生きるのに大変な時代だったから」と理解を示し、縁が切れることはなかった。

比嘉兄弟は成長し、玉城盛義らが一九三二～三三年に旗揚げした劇団「真楽座」で活躍した。真喜志康忠は著書『沖縄芝居と共に　老役者の独り言』（二〇〇二年、新報出版）で、歌劇「愛の雨傘」での良順と二代目儀保松男（儀保正輝）の「女形姿のかれんさ、美しさが印象に強く残っている」と記している。良順はヒロイン美代子役、儀保は恋のライバル染子役だった。

良順の恋人は瑞慶山オトという。一九一三年ごろに士族の家系である那覇市前島の真喜志家に生まれ、親戚の瑞慶山家の養女となった。オトの親戚である金城博子（六八）は戦後のオトについて「ぴしっとのりをつけた洋服を着てきれいな人だった。家の中もぴかぴかだった」と振り返る。オトは康忠の親戚で、康忠の芝居を見た際に良順と知り合った可能性がある。

二人が結婚できなかったのは、オトの家族が役者との結婚に反対したからだという。その後、オトは関西の紡績工場へ働きに出た。だが仕事中、機械に巻き込まれて左手を失ってしまう。それを聞いた良順は「おれと結婚しておけばそんなことにならなかったのに。ばちが当たったんだ」と語ったという。だが、その冷たい言葉が本心ではなく、良順も愛し続けていたことは「南洋小唄」の歌詞から推察できる。

50歳ごろの瑞慶山オト
（金城博子提供）

その後、良順は南洋

に渡った。いつ、どこで、どのように亡くなったのかははっきりしないが、戦時中に南洋で亡くなったという証言が多い。

一方、戦争を生き延びたオトは生涯独身を貫き、良順を思い続けた。盆と正月には必ず比嘉家を訪れ、良順に手を合わせた。しばしば重箱を持って浜に出掛け、南洋の方角を拝んで冥福を祈った。比嘉家からも良順の妻のように扱われ、「私が死んだら比嘉家の墓に入れてほしい」と何度もお願いしていた。オトは九二年に亡くなった。死後、家の中を片付けると「南洋小唄」のレコードが出てきた。遺言通り、今は比嘉家の墓に眠っている。

謎に満ちた良順の最期

比嘉良順作の「南洋小唄」を発売したマルフクレコードは、普久原朝喜が一九二七年に大阪で設立した。高橋美樹の論文「沖縄音楽レコード制作における〈媒介者〉としての普久原朝喜―一九二〇～四〇年代・丸福レコードの実践を通して―」(二〇〇六年)によると、「南洋小唄」が発売された一九三九年当時、良順は大阪の劇場「戎座《えびすざ》」で興行していた平良良勝一座の座員だった。マルフクでは歌劇の録音にも参加している。

「南洋小唄」の録音で箏を演奏したのが知名定繁だ。息子の定男は「良順はとても温厚な人だったそうだ」と語る。良順が南洋に渡る前、「南洋小唄」を作ったことを朝喜が聞きつけて録音することになったという。使用した箏は十三本の鉄弦が張られ、長さは約三尺(約九十センチ)と小型だった。朝喜が古物屋で見つけたという。新しい音に敏感だった朝喜は独特の音

比嘉良順(比嘉良仁提供)

色を気に入り、箏の名手だった定繁に演奏させた。朝喜は「昭和琴《しょうわごと》」または「かにぐとぅ（金属弦の箏）」と呼んでいたが、後にルポライターの竹中労が「琉琴《りゅうきん》」と呼ぶようになった。本来どういう音楽に用いられていたのかは不明だが、今では沖縄民謡の伴奏楽器として定着している。

良順の甥・良仁も父・良徳から、良順が「南洋小唄」を吹き込んだ時の話を聞いた。一本のマイクで歌と三線を同時に録音するため、三線の音が小さくならないように胸の辺りまで持ち上げて弾いたという。

南洋へ渡った良順は渡嘉敷守良の一座などで活動した。三五年にサイパン島で生まれた役者の仲嶺眞永は少年時代、同島の市街地ガラパンにある劇場「南座」で良順の芝居を見た。「優しい人だった。若手の筆頭で、特別に南座の二階の角に自分の一人部屋があった。子どもたちをかわいがり、僕らは時間があればそこに上がって話を聞いた」と振り返る。良順は達筆で、兵士に贈る千人針に虎の絵や「必勝」の字を書いたという。

良順はいつ、どこで、どのように亡くなったのかはっきり分かっていない。眞永は四三年ごろに和歌山に疎開したが、戦後、サイパンから引き揚げてきた人から「沖縄に帰る仲間の中に良順はいなかった。戦没したのだろう」と聞いた。一方、良仁は良徳から、良順は南洋で自死したと聞いた。女形不足で各劇団の取り合いになり、精神的に参ってしまったという。

芸能研究者の大城學は、良順の真楽座時代の役者仲間だった二代目儀保松男（儀保正輝）から異なる話を聞いている。守良が四二年に南洋から沖縄へ引き揚げる際、良順に残って興行を続けるように言った。良順

「島唄の響き～世替わりや沖縄～」公演で「南洋小唄」を歌う知名定男＝2017年5月13日、浦添市の国立劇場おきなわ

は残ったものの、沖縄に帰りたくて精神的に参ってしまった。その後、帰郷したが、体調は回復せずひっそり亡くなったというのだ。だが儀保も帰郷した良順に会ったわけではなく、人づてに聞いた話だ。また、良順の恋人である瑞慶山オトの甥・真喜志修（七四）は、良順が南洋で料亭のおかみにほれられ、沖縄に帰りたくても帰してもらえなかったと普久原から聞いた。

定男は良順がガラパンで病死したと聞いている。「南洋小唄」の歌詞では最後に、故郷へ錦を飾ることを誓う。定男は「あん言ちょてぃ去《ん》じゃる　人《ひとぅ》やなにがしか　なまやサイパンぬ　土《ちち》とぅなたみ（そう言って去った人は誰だったのか　今やサイパンの土となったのか）」という歌詞を加えて歌い継いでいる。

良徳が兄の歌を舞踊化

比嘉良順と共に役者として活躍した弟の良徳は、良順が南洋へ渡った後に徴兵され、沖縄戦に駆り出された。良徳の息子・良仁が聞いた話によると、良徳は心臓が弱かったため戦闘ではなく後方支援に回された。夜中に砲弾を担いで運んだという。沖縄戦末期、所属する部隊の隊長が意外な命令を下した。「この戦争は負ける。部隊を解散するから、みんな必死で生きろ」。一人になった良徳は「もうどうでもいい」と銃を放り出し、昼寝をした。物音がして目を覚ますと、五人の米兵が取り囲み、ガムをかみながら銃を向けていた。捕虜となった良徳はハワイの収容所に送られた。

手先が器用だった良徳は戦前の役者時代、劇場前に飾る役者の絵を描いていた。収容所でも絵の才能に助けられた。ある日、絵の具代わりになる物を集めて絵を描いていると、県系二世の米兵から絵とたばこを交換するよう頼まれた。翌日、米兵は本物の絵の具や画用紙を持って来て、親戚にあげる絵も描くよう頼んだ。良徳が主に描いたのは、からじを結い琉装をした沖縄の美人画だ。良仁は「移民一世にとっては特に懐かしかったのだろう」と想像する。次第にパラシュート生地を張ったキャンバスに描くようになり、お礼のたばこやチョコレートをたくさんもらった。七～八カ月がたち良徳が沖縄に戻る時には米兵に腕時計までプレゼントされたが、帰郷すると強盗に取られてしまっ

沖縄俳優協会の公演で「南洋小唄」を踊る久高将吉＝2013年8月25日、南城市中央公民館
たという。

帰郷した良徳は伊佐真一、金城幸盛らと一九四七〜四八年ごろに新生劇団（新生座）を結成した。約二カ月かけて全島を一周すると、新作を携えて再び全島を回るというサイクルだった。次第にネタに窮し、シェークスピアや日本文学を沖縄風にして演じた。新生劇団の後、良徳は自身が率いる劇団を旗揚げしたが、信頼していた人にお金を持ち逃げされてつぶれてしまったという。その後は大伸座やでいご座、俳優座などで活動した。良仁が小学二年の頃には具志川市（現うるま市）安慶名で琉舞研究所を開き、宜野湾市普天間、那覇市首里などを転々とした。良徳の妻シズも玉城盛義の戦前からの弟子だった。若き日の登川誠仁は良徳やシズを訪ねて舞踊地謡の稽古をし、腕を磨いたという。

良徳は多くの創作舞踊や歌、芝居を作り、兄・良順が作った「南洋小唄」にも振り付けた。舞踊化する際、女性が南洋に渡った恋人を思う「つらね」を加え、地謡の女性に唱えさせた。この踊りは良徳が俳優座にいた頃、座長の久高将吉に教え、久高のおはことなっている。

良仁いわく、良徳はマイペースで自分の好きなことだけをやる人だった。一方、良順は真面目で真っすぐな性格だったと良徳から聞いた。優しいところは二人とも共通していたという。良徳が舞踊研究所の弟子たちと記念撮影した写真を見ると、着物の紋が「順」と「徳」の字になっている。良徳は兄についてあまり語らなかったというが、尊敬の念が感じられる。六一年には良順の追悼興行が那覇劇場で行われ、良徳脚本・大宜見小太郎演出の現代歌劇「良順物語　あこがれの

舞踊研究所を開いていた頃の比嘉良徳（中央）。着物の紋が「順」と「徳」の字になっている＝1962年（比嘉良仁提供）

南洋」が上演された。

良徳は七五年の十一月ごろ、コザ市（現沖縄市）の琉米親善センターで最後の公演を開催した。良仁は結婚したばかりで支援するお金もなく「あと一年待てば余裕ができるから、もっと大きな会場を借りられるのに」と言ったが、良徳は「今じゃなきゃ駄目なんだ」と強調した。その時既に体が弱っていたが、風邪をこじらせ、七六年一月に六〇歳でこの世を去った。

最後の公演では自身の創作舞踊などを十演目余り披露した。良仁は「あれがおやじの集大成だったんだろう。自分の死期を悟っていたんじゃないかな」と振り返る。時によろめきながらも必死で舞台を務めた良徳。自ら踊った演目の中に、もちろんあの「南洋小唄」もあった。

芸能発展へ 決意新た

野村流音楽協会 戦後復興たどる公演

二〇一七年十一月十七日付　琉球新報掲載

戦後復興ゆかりの地で芸能公演を行う「〝芸能力〟を探るプロジェクト　体感！『焦土に咲いた花』」（琉球古典音楽野村流音楽協会主催）の第一弾「芽生え」が十二日、うるま市石川の東恩納公園で開催された。戦争で傷ついた人々を癒やした芸能の力や先人の努力を再確認し、平和の構築や芸能の発展に向けて思いを新たにした。

終戦直後の一九四五年十二月に石川市（現うるま市石川）の城前初等学校でクリスマス祝賀演芸大会が開催され、民衆に生きる希望を与えた。県立博物館の前身である東恩納博物館（沖縄陳列館）では演芸大会の試演会が行われたほか、美術や工芸など文化復興の拠点となった。プロジェクトは三年計画で年一回、戦後復興ゆかりの地で公演を行う。十二日は東恩納博物館跡に近い東恩納公園で古典音楽や琉球舞踊、組踊を上演した。

幕開けでは比嘉謙次師範が詠んだ「物《むぬ》の《ぬ》無《ねん》ぬ御世《みゆ》に　石川村内《いしちゃむらうち》に　始《はじみ》めたる芸能《じぬ》や　今《なま》に発展《さかてぃ》て」という琉歌を「かぎやで風節」に乗せて歌った。同協会が戦後復興をテーマに募集した琉歌の中から選ばれた。

クリスマス祝賀演芸大会では家族の別れと再会を描いた組踊「花売の縁」が上演され、同じような経験をした人々の涙を誘った。主役・森川の子は島袋光裕が演じた。十二日の「花売の縁」（抜粋）では光裕の孫であり弟子でもある島袋光尋が森川の子を演じた。光尋は「戦時中は宮崎県に疎開し、一九四六年に沖縄に戻ったのでクリスマス祝賀演芸大会は見ていないが、小学五年まで城前小学校に通っていた。今回呼んでも

先人への感謝や平和への祈りを込めて「かぎやで風節」を斉唱する野村流音楽協会の会員ら＝2017年11月12日、うるま市石川の東恩納公園

らい感激している」と喜んだ。

クリスマス祝賀演芸大会では仲嶺盛竹が箏を担当した。当時使われた箏を孫弟子の仲村渠達也が演奏し、時代の荒波を越えて伝統文化が守られてきたことを印象付けた。盛竹の子であり弟子でもある仲嶺貞夫は盛竹が東恩納博物館でこの箏を弾いている写真を見せながら「戦時中はこの箏を抱え源河（現名護市源河）に避難していた。古くなって音色はあまり良くないが、これからも活用したい」と話した。

「花売の縁」で森川の子を演じる島袋光尋

金武町屋嘉から参加した吉野久一師範と門下生は「屋嘉節」を歌った。演奏会の前には東恩納博物館跡でうるま市教育委員会の担当者の説明を聞き、記念撮影をした。

野村流音楽協会の長浜眞勇会長は「改めて芸能の力と先人の偉大さに思いを致し、芸能のあるべき形を伝えていきたい」と述べた。東恩納区の石川栄自治会長は「東恩納が戦後の沖縄文化発祥の地であることを誇りに思う。演奏会を機に古典芸能への認識が高まり地域の発展につながると思う」と歓迎した。

仲嶺盛竹の箏を弾く孫弟子の仲村渠達也（左）と弟子の仲嶺貞夫

東恩納博物館跡での記念撮影

苦難乗り越え　次代へ

シンポジウム

「焦土に咲いた花　戦争と沖縄芸能」

二〇一八年四月四日付　琉球新報掲載

シンポジウム「焦土に咲いた花　戦争と沖縄芸能—芸能の復興を信じた先人たちの偉業—」（沖縄芸能連盟主催、琉球新報社共催）が三月二十八日、那覇市の県青年会館で開催された。戦時中の芸能に対する規制や戦後の芸能復興を追った琉球新報の連載「焦土に咲いた花　戦争と沖縄芸能」にちなみ、当時を知る人や歴史を継承しようと取り組んでいる人に話を聞いた。先人の苦難と努力に思いをはせ、平和な世をつくっていこうと思いを新たにした。シンポは同連盟が毎年実施する「琉歌漫歩」の一環。シンポの内容を紹介する。（敬称略）

【登壇者】

◇パネリスト

・**八木　政男**
沖縄芝居役者
県指定無形文化財「琉球歌劇」保持者

・**瀬名波孝子**
沖縄芝居役者
県指定無形文化財「琉球歌劇」保持者

・**長浜　眞勇**
琉球古典音楽野村流音楽協会会長

◇進行・基調講演

・**伊佐　尚記**　琉球新報文化部記者

「共通語で歌劇」を強制　八木
「軍事物」に子役で出演　瀬名波
琉球音楽研究へ圧力も　長浜

芸能への規制

伊佐尚記　戦時中は大阪でも沖縄芝居でうちなーぐちが禁止されたそうだが。

八木政男　兄の大宜見小太郎に呼ばれて大阪に行き、戎《えびす》座《ざ》という劇場で本格的に役者の道に入ったのが一九四三年、一二歳の時だった。大阪には出稼ぎに来た多くのうちなーんちゅがいた。だんだん戦争が厳しくなって、四四年ごろから「うちなーぐちを使うな」「歌劇も共通語でやれ」というお達しが出た。やまとぐちでできるわけがない。小太郎は警官が来たら知らせるよう、木戸番のお姉さんに言いつけていた。巡査が来ると、お姉さんは猫に例えて「まやーがちょーんどー（猫が来たよ）」と叫ぶ。そしたら幕を閉めて（芝居をやめて警官が帰るまで）踊りを見せた。

伊佐　瀬名波先生は沖縄で真楽座の子役をしていた。

瀬名波孝子　真楽座に入ったのは一九四三年、一〇歳の時。真楽座が軍事物の劇の子役を探していた。役者の親泊元清さんが兄の同級生で、私は踊りを習っていたので誘われた。軍事物で一番印象に残っているのが「決戦節」という踊り。「昭和十七、八の年は　大東亜戦争の決戦の時が来た　アラ、決戦だー　決戦だー」（と歌ってみせる）。子どもだから面白がってやっていた。

伊佐　戦時中は古典音楽への風当たりも強かったそうだが。

長浜眞勇　（野村流工工四の声楽譜を書いた）世禮國男先生は県立第二中学の教頭だった。教育者であると同時に琉球古典音楽の研究もしていた。これはまな弟子が書き残した話だが、県の学務部から「琉球音楽は亡国的音楽だ。世禮君は辞めさせろ」「琉球古典音楽より浪花節をやれ」と圧力があったそうだ。漢文、日本文学の研究も深めているので、どうにか失職を免れたという。

戦争で活動中止に

伊佐　その後、劇場が軍隊に接収され、役者たちは興行ができなくなった。軍隊の慰問で生計を立てているうちに十・十空襲があった。瀬名波先生は十・十空襲の時はどうだったか。

瀬名波　軍の慰問に行くため、泊の家から出ようとしたら空襲が始まった。防空壕には入れず、しゃがんで布団をかぶって耐えた。空襲が終わると、母の知人の世話になって宜野湾に逃げた。宜野湾では学校に行こうとしたが、勉強はせず陣地造りをさせられた。その頃、コニシ二等兵という人が私を見て「誰か故郷を想わざる」という歌を歌ったことがあった。「あんたは自分の妹と似ている」と言われた。そのうち「ここは激戦地になる」と言われ、今帰仁に逃げた。今帰仁の乙羽岳に隠れ、山草とか食べられるものは全部食べた。ひもじい思いをした。戦争でぃしぇー、してーないびらんやー（戦争はしてはいけませんね）。

伊佐　大阪でも劇場が壊されて、芝居ができなくなったそうだが。

八木政男

瀬名波孝子

長浜眞勇

伊佐尚記

八木　戦争が厳しくなってもお客は満員だった。「うちなーんかいけーららん（沖縄に帰れない）。いつどうなるか分からないから芝居でも見ておこう」という気持ちだったのではないか。芝居の背景、舞台装置（美術）はうちなーの風景そのまま。お客は「わったーしまんかい似ちょーん（私たちの地元に似ている）」といった話をしていた。古里を思い、舞台装置を見るだけで涙を流した。拠点としていた戎座は後ろに戎神社があり、神社も劇場も大きくて目立つから（空襲の標的になって）危ないということで劇場が壊された。一カ月くらいコークス、石炭の燃えがらを拾って、売って生活した。女優さんもこーがーきー（ほおかむり）してコークスを拾い、かわいそうだった。そのうち小太郎が泉尾劇場という映画館だけ焼け残っているのを見つけて、そこで四六年まで芝居ができた。

伊佐　戦時中、幸地亀千代先生ら音楽家はやんばるに逃げていたそうだが。

長浜　幸地先生は三線と筝を持参して名護の多野岳に避難していたそうだ。その時に詠んだ琉歌が「五月雨ぬ降りば　かわてぃ偲ばりさ　昔森川が　すやぬ暮らし」。組踊「花売の縁」の森川の子が家族を首里に置いて塩屋で独り暮らしている心境を詠んだ。幸地先生の師匠の瑞慶覧朝蒲先生も防空壕の中で三線を弾いていたという話を北谷方面で聞いたことがある。それから仲嶺盛竹先生も箏を担ぎ源河の山に避難した。そういう大先輩たちがいっぱいいたと思う。

歌と踊りは平和の象徴　八木
うちなー文化残したい　瀬名波
先輩方の魂継ぐ作業を　長浜

戦後復興へ

伊佐　一九四五年に米軍政府によって役者が集められ、クリスマス祝賀演芸大会が開催された。その流れで沖縄民政府が松、竹、梅の三劇団をつくり各地を慰問させた。八木先生は竹劇団、瀬名波先生は松、梅劇団にいた。

八木　私たちは四六年に大阪から引き揚げてきた。石川のかまぶくやー、コンセットで役者の資格審査を受けた。衣装は縦模様のあるアメリカの布団カバーで作った。百姓あば小（お姉さん）も、うみんぐゎ（士族のお嬢さん）もみんな同じ衣装。うしざし、かみさし（男性のかんざし）は五寸くぎとビール瓶のふた小。一番困ったのが化粧品。おしろいがないから亜鉛華という薬（皮膚薬）をもらった。それを付けたら真っ白で幽霊みたいになる。紅は瓦のかけらを使ったが、女優の肌が荒れてしまう。そしたら、また亜鉛華を付ければ治る。よくできている。眉（を書く道具）もないので、なーびぬふぃんぐ（鍋のすす）をポマードで練って付けた。汗をかくと（化粧が崩れて）うみんぐゎも「馬山川」（の醜女《しこめ》）のようになった。苦労もあったが楽しい時代でもあった。

瀬名波　一五歳の時に親泊元清さんに誘われて松劇団に入った。その後、（真楽座時代からの師匠）玉城盛義先生がいた梅劇団に移った。当時はお米で木戸賃を払う人もいた。子どもたちもお金がなくてぬぎばい（潜り込んでただ見する）していた。先生方が作った芝居をいつまでも残さないといけない。若い人に教えて「うちなーの文化残してよ。頑張ってよ」と励ましている。

伊佐　野村流音楽協会は昨年から東恩納博物館など戦後復興ゆかりの地で演奏し、歴史を継承しようという取り組みをしている。

長浜　三カ所における演奏会を企画した。まず昨年は東恩納博物館での（クリスマス祝賀演芸大会に向けた）試演会を再現しようとした。博物館跡から五十メートル離れた東恩納の公園で開催した。東恩納の住民に思いを受け止めてもらえるか不安もあったが、企画を手伝いたいという気持ちが住民の方に満ちあふれ、成功裏に終わった。二年目の今年は城前小でのクリスマス祝賀演芸大会を再現したい。三年目は世栄津の森で平和のメッセージを奏でようと進めている。このシンポジウムを糧にして、今年の十二月（のクリスマス大会の再現）に向けて、沖縄芸能連盟で先輩方の魂を受け継ぐ作業を一緒に頑張っていただけたら、と提言したい。

平和への思い

伊佐　最後に平和へのメッセージを。

八木　こんな歌があった。「道々ぬちまた　歌歌てぃ　遊《あし》ぶ　治《うさ》まとる御世《みゆ》ぬ　しるしさらみ（道々で歌を歌い遊ぶのは平和に治まっている世の中の象徴である）」。戦世《いくさゆ》では歌も踊りもできない。平和が一番だ。

瀬名波　「戦世ん終わてぃ　弥勒世《みるくゆ》んなたれ　我した文化　残《ぬく》ちいかな」。くぬ気持ちやいびーん。

長浜　四五年の六～七月ごろ、ハーバード大で西洋音楽を学んで沖縄に来たヤン・ラルーという米軍将校がいる。幸地先生らに指導を受け、琉球古典音楽の研究成果を博士論文にまとめた。その和訳がやがて終わる。ラルー博士の言葉を二つ紹介したい。一つ目は五一年のハワイ大での講演での言葉だ。「沖縄で思いやりのある友人や学問、教育に献身する人々を多く見いだした経験は、地球上のあらゆる人類は理解し合えるという信念を深めてくれた」。論文の締めくくりにはこんな言葉がある。「先の戦争による多くの苦難がやがて緩和され、沖縄の芸術的才能のルネッサンスへの道が開かれることを切に希望する」。ラルー博士の予感をぜひ実現していきたい。

基調講演

繰り返さぬよう歴史学ぶ

伊佐尚記

芸能に対する検閲、規制は廃藩置県直後からあり、時代によって厳しくなったり緩和されたりした。戦時色が強まる中、一九四二年には那覇署が真楽座の興行願いに対し、標準語を使い、歌劇を全廃するよう条件を付けた。戦時中、大宜見小太郎は大阪で興行していたが、大阪でも検閲はあった。検閲を受けた台本を見ると、例えば「ハワイ節」という舞踊の題が「出郷節」に変えられている。敵国の地名なので認められなかった。

終戦直後、米軍政府は役者を集め、慰問をさせて民心の安定を図った。一九四五年十二月には石川（現うるま市石川）でクリスマス祝賀演芸大会が開催された。その試演会とされる写真が残っているが、物不足がうかがえる。

戦時下では自由に表現できず軍事的な演目が求められた。こういう時代が再来しないように歴史を学ぶ必要がある。終戦直後に県民を癒やした先人を見習い、芸能で平和な社会をつくっていけるよう一緒に考えていきたい。

盛義の四つ竹　孫の元へ

役者・瀬名波贈呈「お守りに」

二〇一八年四月六日付　琉球新報掲載

三月二十八日に那覇市の県青年会館で開催されたシンポジウム「焦土に咲いた花　戦争と沖縄芸能―芸能の復興を信じた先人たちの偉業―」（沖縄芸能連盟主催、琉球新報社共催）で、パネリストの瀬名波孝子が、玉城盛義師匠（玉城流玉扇会初代家元）からもらった四つ竹を盛義の孫である玉城秀子二代目家元に贈った。四つ竹は瀬名波がお守りとして大事に持っていたが、七十三年余を経て遺族の元に戻った。

瀬名波は一九四三年から盛義が率いる真楽座の子役をしていた。四四年の十・十空襲の時、瀬名波は家を出て軍の慰問に向かうところだった。その時、救急袋に入れていた四つ竹を今までお守りとして大事に保管していた。現在よく見られる四つ竹より厚みがあり、「カン、カン」と高い音が鳴る。

秀子家元は「こんなに長い間大切に持っていたなんて瀬名波先生の親（師匠）を思う気持ちが伝わってじんとした」と喜んだ。瀬名波は「喜んでもらえてうれしい。盛義先生が（秀子家元らを）守ってくれると思う」と話した。

シンポジウムで四つ竹を手に10・10空襲を振り返る瀬名波孝子＝2018年3月28日、那覇市の県青年会館

あとがき

伊佐　尚記

役者らの熱演に心を震わせ、劇場を出た後に友人らとあの場面はどうだった、あの演技はどうだった、と意見を交わす。そして、ものの見方が少し変わったり、明日への活力をもらったりする。それが芸能の醍醐味ではないでしょうか。ですが、そうした芸能本来の在り方がゆがめられた時代がありました。そんな時代が再来しないよう、歴史を掘り返す必要があると思い、二〇一五年から「焦土に咲いた花　戦争と沖縄芸能」という連載を書いてきました。

二〇一三年度から文化部で芸能を担当しはじめた当初、前任者の古堅一樹記者が「慰霊の日にはこういう記事も書いたよ」と、戦後六十五年の特集を見せてくれました。戦時中の芸能でうちなーぐちの使用が禁じられたことなどが紹介されており、衝撃を受けました。二〇一五年の戦後七十年の節目に芸能記者がやるべき仕事はこのテーマを深めることだと決心し、「焦土に咲いた花」というタイトルが頭に浮かびました。

この企画には、（1）戦前戦中の芸能に対する規制、（2）芸能人の戦争体験、（3）戦後いかに芸能が復興していったか―という三つのテーマがありました。当時、民謡を担当していた大城徹郎記者が「歌とイクサ世」「戦後を刻んだ音色」を、その他の章は私が取材・執筆しました。連載開始から年月を経て、新たにわかった事実などもあり、書籍化に際して編成し直しています。

二〇一八年に連載した番外編のうち、「南洋小唄」に関する記事は、本書では「異郷の地で」という章に、〝幻の名女優〟我如古安子を紹介した記事は「ゼロからの出立ち」に収録しました。

二〇一五年の「屋嘉節」に関する記事は私が一八年に追加取材した記事とまとめて「戦後を刻んだ音色」の章に収めました。同章の「ひやみかち節」に関する記事も追加取材し、本書では全面的に書き換えています。また、一五年の新聞連載時に平良新助直筆の「ひやみかち節」の歌詞として掲載されたものは別の曲の歌詞だと分かり、山内盛貴さんに提供していただいた本当の「ひやみかち節」の歌詞を掲載しています。戦時中に琉球演劇舞踊団の舞台に通っていた宮城正雄さんについては今回、新たに加えました。

取材を通して強く感じたのは、官憲の規制をくぐり抜けて芸能を守り続けてきた先人のたくましさと、芸能を必要とした民衆の熱い思いです。そして、声楽譜を考案した世禮國男にみられるような当時の人々の複雑な思考・心情です。世禮の言動からは沖縄の文化を守りたいという思いとナショナリズムの両方が感じられます。戦時中に上演された軍事劇などについても、舞台人がどのような思いで関わったのか考察を深めていくことが、負の歴史を繰り返さないために必要だと思います。

連載を始めてみると調べたいことが次々に出てきて、気が付けば二十回の予定回数を大幅に超えていました。

謎も残りました。調べてみて、「石川劇場」と呼ばれた劇場が戦後少なくとも三つあったことが分かりましたが連載終了後、『玉城盛義　評伝』（玉城流玉扇会、二〇〇六年）で池原シズさんが「沖縄で戦後初の劇場を創ったのが夫の長昌です。『石川劇場』といっても（中略）粗末な劇場で、今の石川中学のあたりです」と書いているのを見つけました。この〝四つ目の石川劇場〟に関する調査も今後の課題です。

儀保正輝（二代目儀保松男）さん、平良とみさん、上間初枝さん、北島角子さんらに取材できないまま亡くなられたことは非常に残念でした。芸能史の聞き取りが喫緊の課題だということを痛感しました。それでも、真境名由美子さん、由利子さん姉妹、八木政男さん、瀬名波孝子さん、高安六郎さん、島袋光晴さんら戦時中の芸能界を知る方々に直接取材することができたのは非常に幸運でした。琉米歴史研究会の喜舎場静夫理事長や平良敏さん、仲嶺貞夫さん、大宜見しょうこさんらにも貴重な写真などを提供していただきました。

夢想していたクリスマス祝賀演芸大会の再現公演を諸事情で実現できずに諦めかけていたところ、野村流音楽協会の長浜眞勇会長らが連載に共鳴して同様の趣旨の公演を企画してくださいました。沖縄芸能連盟（くしくも七十三年前に出演したとされる団体と同じ名前です）の先生方のお力によって、今月二十七日、七十三年前と同じ城前小学校で公演が行われます。

書籍化の作業が遅々として進まないのに辛抱強く導いてくださった編集者の坂本菜津子さん、支えてくれた同僚の皆さん、家族にも感謝いたします。こんなことを言うと怒られそうですが、作業が遅れて本の納品日がクリスマスになったのも何かの縁かもしれません。

これまで多くの役者、音楽家、舞踊家らがうちなーんちゅを元気づけ、癒やしてきました。残念ながら正確な名前は伝わっていませんが、六郎さんが教えてくれた戦前の「どこを斬られても腹を押さえる役者」などのエピソードも印象に残っています。取材に協力していただいた全ての方々と芸能関係者の皆様に、感謝申し上げます。

２０１８年12月8日　記

•世禮國男『世禮國男全集』(野村流音楽協会、1975年)
•全国7000会編集委員会編『藍のほまれ　旧満洲第7000部隊将兵の記録』(同会、1982年)
•曽我部司『笑う沖縄「唄の島」の恩人・小那覇舞天伝』(エクスナレッジ、2006年)
•高橋美樹「沖縄音楽レコード制作における〈媒介者〉としての普久原朝喜　1920〜40年代・丸福レコードの実践を通して」(『ポピュラー音楽研究』Vol 10、日本ポピュラー音楽学会、2006年)
•『知念高校創立60周年記念誌』(2006年)
•友寄英彦『英彦のよもやま話』(1979年)
•仲宗根源和編『話題』第3号(1955年)
•長堂英吉『鼓太平記　物語・戦後沖縄演劇史』(月刊沖縄社、1985年)
•仲村良雄『首里少林流空手道』(空手道円武舘、2001年)
•仲本瑩編『脈』第48号(脈発行所、1994年)
•名護宏英編『沖縄芸能誌　ばららん』第2号(ばららんの会、1987年)
•那覇市企画部市史編集室編『沖縄の慟哭　市民の戦時・戦後体験記2(戦後・海外篇)』(同編集室、1981年)
•日本民藝協会編『月刊民藝』1939年11月号(日本民藝協会)
•野村流音楽協会編『野村流音楽協会創立五十周年記念誌』(同協会、1974年)
•比嘉武信編著・発行『新聞にみるハワイの沖縄人90年　戦後編』(1994年)
•比嘉武信編著・発行『ハワイ琉球芸能誌』(1978年)
•火野葦平『ちぎられた縄』(小壷天書房、1957年)
•藤田正編『ウチナーのうた　名曲101選&CDガイド』(音楽之友社、1998年)
•外間守善『沖縄文学の世界』(角川書店、1979年)
•「真境名由康　人と作品」刊行委員会編『真境名由康　人と作品　上巻・人物篇』(1987年)
•又吉康誠『沖縄三味線名器　開鐘の由来』
•宮城正雄『舞台　関西沖縄芸能とのふれあい』(2003年)
•『民藝』編集委員会編『民藝』1965年5月号(日本民藝協会)
•矢野輝雄『新訂増補　沖縄芸能史話』(榕樹社、1993年)
•山内盛彬『山内盛彬著作集』第三巻(沖縄タイムス社、1993年)
•吉野毅著・発行『チャンプルー詩集』(2001年)
•ラジオ沖縄35年の歩み編集委員会編『ローカルに徹せよ　ラジオ沖縄35年の歩み』(ラジオ沖縄、1995年)
•立教大学アジア地域研究所編『21世紀海域学の創成　「南洋」から南シナ海・インド洋・太平洋の現代的ビジョンへ　研究報告書　平成25年度私立大学戦略的研究基盤形成支援事業』2(同研究所、2015年)
•琉球・沖縄芸能史年表作成研究会編『琉球・沖縄芸能史年表』古琉球〜近代篇、第6集戦後篇1(国立劇場おきなわ運営財団、2010年)
•琉球新報社会部編『昭和の沖縄』(ニライ社、1986年)

参考文献

- 『琉球新報』『うるま新報』
- 『大阪朝日新聞鹿児島沖縄版』
- 『沖縄新報』
- 『沖縄日報』
- 字久志芸能誌編纂委員会編『字久志芸能誌』(久志区公民館、2005年)
- 有銘政夫編『チコンキーふくばる 譜久原朝喜顕彰碑建立記念誌』(中根章、1993年)
- 『戦世を生きた二中生　沖縄県立第二中学校第三十二期生卒業四十周年記念誌』(同記念事業実行委員会、1986年)
- 池宮城秀意『沖縄人への遺言状　ふるさととの対話』(琉球新報社、1976年)
- 伊差川世瑞、世禮國男『声楽譜付工工四』上巻(野村流音楽協会、1959年)
- 石川文一『琉球の空手物語』(琉文社、1979年)
- 大宜見小太郎『小太郎の語やびらうちなあ芝居』(青い海出版社、1976年)
- 大里康永『平良新助伝』(大同印刷工業、1969年)
- 大野道雄『沖縄芝居とその周辺』(みずほ出版、2003年)
- 沖縄芸能史研究会編『わが師を語る　琉球芸能の先達』(那覇出版社、1995年)
- 『沖縄芸能マガジン』1962年7月号(沖縄芸能マガジン社)
- 沖縄劇場協会編『芝居と映画』創刊号、8月号(同協会、1949年)
- 沖縄県第二中学校第31期生編『青春の風紋　沖縄県第二中学校第三十一期生卒業五十周年記念誌』(1993年)
- 沖縄県文化振興会公文書管理部史料編集室編『沖縄県史ビジュアル版9　近代②　旧南洋群島と沖縄県人　テニアン』(沖縄県教育委員会、2002年)
- 沖縄県平和祈念資料館編『第18回特別企画展　戦世と沖縄芝居―夢に見る沖縄　元姿やしが―』図録(同館、2017年)
- 沖縄タイムス社編『私の戦後史』第1、4、6集(同社、1980、81、82年)
- 沖縄二中三岳会の記録編集委員会編『沖縄二中三岳会の記録　激動の時代の青春　沖縄県立第二中学校第33期生』(沖縄二中三岳会、1992年)
- 川平朝申『終戦後の沖縄文化行政史』(月刊沖縄社、1997年)
- 宜保榮治郎『三線のはなし』(ひるぎ社、1999年)
- 月刊文化沖縄社編『月刊文化沖縄』10号(同社、1940年)
- 『幸地亀千代師生誕一一六年顕彰公演記念誌　感極無聲』(同実行委員会、2013年)
- 島袋光裕『石扇回想録・沖縄芸能物語」(沖縄タイムス社、1982年)
- 『新沖縄文学』23号(沖縄タイムス社、1972年)
- 新里金福、大城立裕著、琉球新報社編『沖縄の百年　近代沖縄の人びと　琉球新報社編，第1巻 人物編』(太平出版社、1969年)
- 世良利和『沖縄劇映画大全』(ボーダーインク、2008年)

取材と文

伊佐尚記（いさ・なおき）

1985年生まれ、宜野湾市出身。2009年に琉球新報社入社。政治部、北部報道部を経て2013年から文化部。一部を執筆した著書に『ひずみの構造　基地と沖縄経済』『未来に伝える沖縄戦』。

大城徹郎（おおしろ・てつろう）

1985年生まれ、糸満市出身。2010年に琉球新報社入社。写真映像部、社会部、南部報道部、文化部、整理グループを経て2018年に退社。言語聴覚士資格取得のため勉強中。一部を執筆した著書に『未来に伝える沖縄戦』。

※本書は琉球新報2015年6月10日～2017年2月15日の連載に、2018年10月31日～11月21日の番外編を含めた全78回分に加筆・修正したものです。お話をうかがった方々の本書記載の年齢は取材当時の年齢です

焦土に咲いた花　戦争と沖縄芸能

2018年12月25日　初版発行

編　著　琉球新報社

発行者　玻名城泰山

発行所　琉球新報社

〒900—8525

沖縄県那覇市泉崎1-10-3

問合せ　琉球新報社読者事業局出版部

電　話(098)865-5100

発　売　琉球プロジェクト

制作・印刷　新星出版株式会社

ISBN978-4-89742-245-9　C0036

定価はカバーに表示してあります。

万一、落丁・乱丁の場合はお取り替えいたします。